DUDEN-
Abiturhilfen

Chemie

Kunststoffe, Farbstoffe, Waschmittel

DUDEN-Abiturhilfen

MATHEMATIK

Analysis I
(11. Schuljahr)

Analysis II
(11. und 12. Schuljahr)

Analysis III
(ab 12. Schuljahr)

Stochastik I
(12./13. Schuljahr)

Stochastik II
(12./13. Schuljahr)

CHEMIE

Grundlagen der organischen Chemie
(12./13. Schuljahr)

Kunststoffe, Farbstoffe, Waschmittel
(12./13. Schuljahr)

BIOLOGIE

Genetik
(12./13. Schuljahr)

Nervensystem und Sinnesorgane
(12./13. Schuljahr)

Stoffwechsel und Energieumsatz
(12./13. Schuljahr)

ERDKUNDE

USA – UdSSR
(12./13. Schuljahr)

Die Landwirtschaft
(12./13. Schuljahr)

Entwicklungsländer
(12./13. Schuljahr)

GESCHICHTE

Geschichte I
(12./13. Schuljahr)

Weitere Bände sind in Vorbereitung

DUDEN-Abiturhilfen

Chemie

Kunststoffe, Farbstoffe, Waschmittel

(12./13. Schuljahr)

Peter Heußler
Dr. Hans Wolf

DUDENVERLAG
Mannheim/Wien/Zürich

CIP-Titelaufnahme der Deutschen Bibliothek
Duden-Abiturhilfen
[Training für Klausuren und Abitur].
Mannheim; Wien; Zürich: Dudenverl.
Chemie
Kunststoffe, Farbstoffe, Waschmittel: (12./13. Schuljahr)
Peter Heußler; Hans Wolf. – 1990
ISBN 3-411-04511-6

Druck: Zechnersche Buchdruckerei, Speyer
Bindung: Progressdruck GmbH, Speyer
Printed in Germany
ISBN 3-411-04511-6

Inhaltsverzeichnis

1. Kapitel: Allgemeine Hinweise

Dieser Band der Duden-Abiturhilfen Chemie befaßt sich mit den Themen „Kunststoffe", „Farbstoffe" und „Waschmittel", deren Inhalte im wesentlichen der organischen Chemie zugeordnet werden können. Sie sollten deshalb auf jeden Fall Ihre Grundkenntnisse der organischen Chemie mit Hilfe Ihrer Unterlagen, Ihres Lehrbuchs oder den „Grundlagen der organischen Chemie" der Reihe Duden-Abiturhilfen auffrischen. Falls Sie dazu keine Zeit mehr haben, beachten Sie vor allem die Hinweise zur Wiederholung im Text!

Während die Lerninhalte der Lehrpläne und damit auch die Aufgaben zum Thema „Grundlagen der organischen Chemie" in den einzelnen Bundesländern ähnlich sind, bestehen in den Lehrplänen für die speziellen Themen dieses Bändchens große Unterschiede. Aus den Materialien über Abiturklausuren wurde deshalb schwerpunktmäßig ausgewählt und in den Übungen und Klausuraufgaben versucht, möglichst viele Aufgabentypen anzusprechen.

Unsere Vorschläge für Ihre Vorbereitung:

- Sie sollten durch Befragen Ihres Lehrers oder nach Durchsicht früher gestellter Klausuraufgaben herausfinden, welche Bereiche aus den vorliegenden Themengebieten für Sie prüfungsrelevant sind.
- Falls Sie genügend Zeit haben, arbeiten Sie die einzelnen Themen zuerst anhand Ihrer Unterrichtsunterlagen und danach mit diesem Buch durch!
- Falls Sie unter Zeitdruck stehen oder schon sehr gut vorbereitet sind, genügt es, die Übungs- und Klausuraufgaben zu lösen.
- Lernen Sie nur die Begriffe und Modelle, die auch in Ihrem Unterricht angesprochen wurden!
- Beachten Sie jedoch, daß bei Anwendungsaufgaben völlig neue Beispiele, zum Teil mit nur geringer Verwandtschaft zu den im Unterricht besprochenen, verwendet werden können!
- Arbeiten Sie die Übungs- und Klausuraufgaben schriftlich aus!
- Vergleichen Sie auf jeden Fall Ihre Ausarbeitungen mit den Lösungen! Versuchen Sie, Ursachen für Ihre Fehler zu finden, damit Sie sie in Zukunft vermeiden können! Bedenken Sie dabei, daß Ihre Antworten von den Lösungen differieren können, falls Sie andere Modelle benutzen! Die Lösungen in diesem Band sind sehr kurz gehalten. Fragen Sie Ihren Lehrer, wie ausführlich Sie antworten sollen – die Ansichten darüber gehen weit auseinander!

Bevor Sie mit der Arbeit beginnen, beachten Sie folgende allgemeine Regeln:

- Erstellen Sie einen realistischen Zeitplan für Ihre gesamten Lernaktivitäten!
- Sorgen Sie für einen aufgeräumten Arbeitsplatz!
- Legen Sie die benötigten Arbeitsmaterialien (Schreibzeug, Lehrbücher, Nachschlagewerke, Unterrichtsaufzeichnungen, Papier usw.) griffbereit!
- Machen Sie Pausen zwischen den Lerneinheiten!

Viel Erfolg!

2. Kapitel: Kunststoffe

2.1 Vorbemerkungen

Die Vielfalt der Verbindungen ist das Hauptproblem beim Erarbeiten des Themas „Kunststoffe“. Der Ungeübte wird erfahrungsgemäß von der Fülle der Variationsmöglichkeiten erdrückt. Beschäftigen Sie sich also nicht erst kurz vor der Kursarbeit oder der Abiturprüfung mit dem Unterrichtsstoff!
Eine weitere Schwierigkeit sind die großen und unübersichtlichen chemischen Formeln der Kunststoffe. Ihr Verständnis erfordert sehr gute Grundkenntnisse und ein ausgeprägtes räumliches Vorstellungsvermögen. Durch häufigen Umgang mit den Formeln lassen sich diese Schwierigkeiten abbauen. Nutzen Sie daher jede Gelegenheit, Formeln von Makromolekülen schriftlich wiederzugeben!

Beachten Sie:

- Die Formeln enthalten in den meisten Fällen immer wiederkehrende Grundeinheiten.
- Bei vorgegebenen Formelausschnitten von Kunststoffen sollten Sie in der Lage sein, diese Grundeinheiten herauszufinden.

Hauptanliegen dieses Kapitels ist es, *den Stoff so zu gliedern, daß gemeinsame Strukturmerkmale vieler Kunststoffe sichtbar werden. Mit Hilfe dieses Ordnungsschemas wird es Ihnen möglich sein, auch Aufgaben über Kunststoffe, die nicht im Unterricht besprochen wurden, erfolgreich zu bearbeiten.*

Das nächstliegende Einteilungskriterium ist der **Reaktionstyp,** nach dem Bausteine zu Makromolekülen zusammengesetzt werden. Grundlage zu ihrem Verständnis sind gute Kenntnisse der entsprechenden funktionellen Gruppen.

Reaktionstyp	**Kenntnisse**
– die Polymerisation	C – C- und C – O-Doppelbindung
– die Polykondensation	Hydroxyl-, Carboxyl-, Amid-, Aldehydgruppe
– die Polyaddition	Isocyanat-, Hydroxyl-, Amidgruppe

Jeder Reaktionstyp hat charakteristische Schritte, die trotz verschiedener Bausteine immer auftreten. Diese Reaktionsschritte sollten Sie an möglichst vielen Beispielen üben.
Umgekehrt sollten Sie fähig sein, aus vorgegebenen Bausteinen nach einem bestimmten Reaktionstyp Makromoleküle zusammenzufügen und durch chemische Formeln darzustellen.
Um Ihnen das selbständige Arbeiten mit Formeln zu erleichtern, wurden die wichtigsten Grundbausteine und die Formelausschnitte der Polymere in Übersichten zusammengefaßt.

Ein weiteres Einteilungskriterium sind **Strukturmerkmale**, die die physikalischen und chemischen Eigenschaften von Kunststoffen beeinflussen. Voraussetzung sind Kenntnisse über die chemischen Eigenschaften von funktionellen Gruppen, über die Geometrie von funktionellen Gruppen und über zwischenmolekulare Kräfte.

Einteilung nach strukturellen Merkmalen:

- Art der Grundbausteine;
- Verknüpfung der Grundbausteine (Primärstruktur):
  a) Konstitution (z. B. Copolymere),
  b) Konfiguration (z. B. Taktizität);
- räumliche Anordnung *einer* Polymerkette (Sekundärstruktur);
- räumliche Anordnung *mehrerer* Polymerketten (Tertiärstruktur).

In Analogie zu der bewährten Einteilung der natürlichen makromolekularen Stoffe wurde versucht, die Gesamtstruktur der Kunststoffe in Primär-, Sekundär- und Tertiärstruktur zu untergliedern.
Nach der Bearbeitung dieses Abschnitts sollten Sie fähig sein,

- aus der Struktur auf bestimmte Eigenschaften zu schließen und
- bei gegebenen Eigenschaften Strukturvorschläge zu entwickeln.

Im Kapitel 2.4 werden die Kunststoffe nach dem Kriterium ihrer **Verwendung** betrachtet. Von speziellen Anwendungen abgesehen, unterscheidet man je nach Verarbeitung und Eigenschaften Fasern, Elastomere, Thermomere und Duromere.

Jeder Bereich verlangt bestimmte Eigenschaften, die mit bestimmten charakteristischen Strukturen gekoppelt sind.
Sie sollten

- Strukturen von bekannten Beispielen angeben und
- bei gegebenen Strukturen auf den Anwendungsbereich schließen können.

2.2 Bildungsreaktionen für Makromoleküle

Der Bereich der organischen Chemie umfaßt nicht nur Stoffe, deren Moleküle aus relativ wenigen (bis zu 1000) Atomen zusammengesetzt sind; es gibt auch Moleküle, die Hunderttausende von Atomen enthalten, sogenannte **Makromoleküle.**
Einige solcher Makromoleküle übernehmen in der Natur wichtige Funktionen, z. B. Polysaccharide (Stärke, Cellulose), Proteine (Enzyme, Kollagen, Keratin) oder Polynucleotide (Nucleinsäuren).
Aufgrund der sehr hohen Molekülmassen zeigen diese makromolekularen Verbindungen Eigenschaften, die anfangs mit den Modellen der niedermolekularen Chemie nicht erklärt werden konnten. Erst 1922 entwickelte H. Staudinger eine Theorie zum Verständnis dieser Verbindungsklasse. Er erkannte, daß die Makromoleküle durch Ausbildung von kovalenten Bindungen zwischen Atomen nach den Regeln der niedermolekularen Stoffe aufgebaut werden können. Zuvor war man davon ausgegangen, daß starke zwischen-

molekulare Kräfte Moleküle kleiner Molekülmasse in großen Aggregaten zusammenhalten.
Inzwischen wird eine Vielzahl von Makromolekülen künstlich hergestellt, die als Werkstoffe vielseitig einsetzbar sind. Man bezeichnet sie als **Kunststoffe.**

2.2.1 Polymerisation

Eine Polymerisation ist eine sich vielfach wiederholende, gleichschrittige Reaktionsfolge, bei der einfache Ausgangsstoffe (**Monomere**) mit reaktiven Doppelbindungen spontan oder mit Hilfe von **Initiatoren** zu Makromolekülen reagieren. Die **Struktureinheiten** (Grundbausteine) der Makromoleküle haben oft die gleiche Zusammensetzung wie die Monomere; z. B.

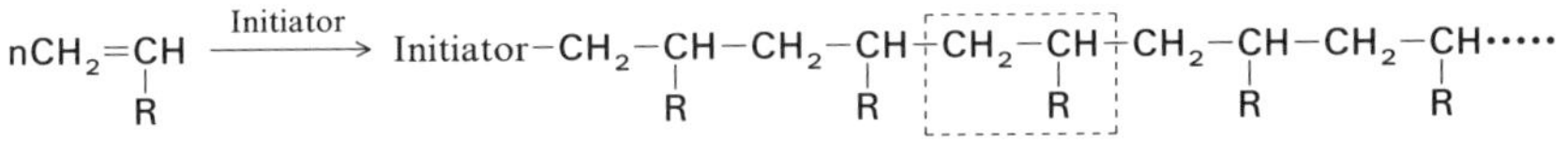

Monomere

Struktureinheit
(Grundbaustein)

Übung 1:
Zeichnen Sie die Struktureinheiten in die Strukturformeln der folgenden Kunststoffe ein! Schließen Sie daraus auf die Monomere!

A

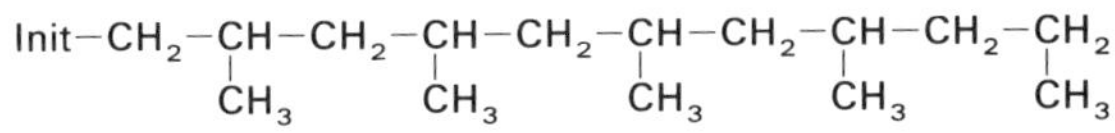

B

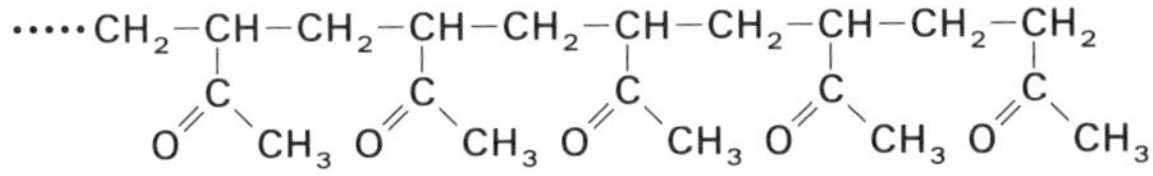

C

$\cdots\cdots CH_2{-}CH{=}CH{-}CH_2{-}CH_2{-}CH{=}CH{-}CH_2{-}CH_2{-}CH{=}CH{-}CH_2\cdots\cdots$

Jede Polymerisation läßt sich in **Kettenstart, Kettenwachstum** und **Kettenabbruch** gliedern. Aus einem geeigneten Stoff (Initiator) werden reaktive Teilchen erzeugt. Diese können **freie Radikale, Kationen** oder **Anionen** sein. Entsprechend der Startreaktion unterscheidet man die **radikalische,** die **kationische** und die **anionische Polymerisation**.

Radikalische Polymerisation

Initiatoren
Radikalische Polymerisationen werden durch reaktive Teilchen, die ein ungepaartes Elektron besitzen, ausgelöst. Solche Radikale können durch sichtbares Licht oder andere energiereiche Strahlung (Röntgen-, Gamma-, UV-Strahlung) erzeugt werden. Häufig gibt man auch Verbindungen zu, die bei geringer Temperaturerhöhung (zwischen 40 und 100 °C) in Radikale zerfallen. Beispiele dafür sind Azoverbindungen oder Peroxide.

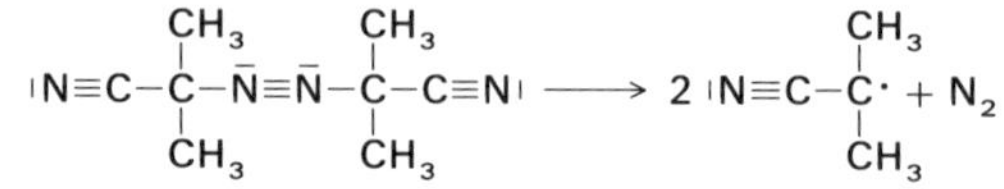

Azoisobutyronitril
(AIBN)

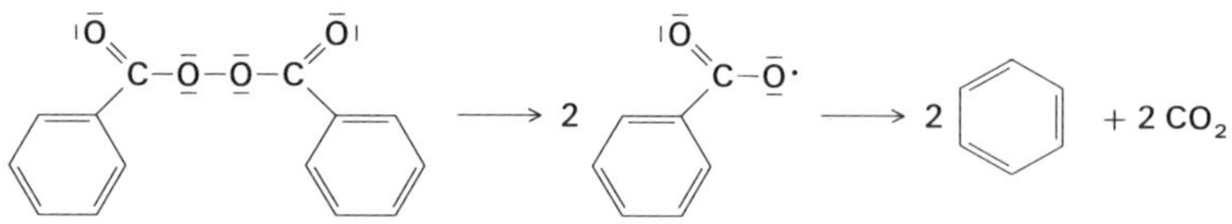

Dibenzoylperoxid

Kettenstart

Das Radikal lagert sich an ein Monomer an:

$$\text{Ra}\cdot + CH_2{=}CH_2 \longrightarrow \text{Ra}-CH_2-CH_2\cdot$$

$$\text{Radikal} + \text{Monomer} \longrightarrow \text{vergrößertes Radikal}$$

Kettenwachstum

An das neu entstandene Radikal werden immer wieder Monomere angelagert. Dieser Vorgang wiederholt sich selbständig.

$$\text{Ra}-CH_2-CH_2\cdot + CH_2{=}CH_2 \longrightarrow \text{Ra}-CH_2-CH_2-CH_2-CH_2\cdot$$

$$\text{Ra}-CH_2-CH_2-CH_2-CH_2\cdot + CH_2{=}CH_2 \longrightarrow \cdots\cdots$$

Allgemein:

$$\text{Ra}-CH_2-\underset{\displaystyle R}{\underset{|}{CH}}\cdot + nCH_2{=}\underset{\displaystyle R}{\underset{|}{CH}} \longrightarrow \text{Ra}-CH_2-\underset{\displaystyle R}{\underset{|}{CH}}-\left[CH_2-\underset{\displaystyle R}{\underset{|}{CH}}\right]_{n-1}-CH_2-\underset{\displaystyle R}{\underset{|}{CH}}\cdot$$

> **Übung 2:**
> Beschreiben Sie den Kettenstart mit dem Benzoylradikal und das Kettenwachstum für das Monomer Vinylchlorid (Chlorethen)!

Kettenabbruch

Die Anlagerung weiterer Monomere an das Radikal kann durch verschiedene Reaktionen verhindert werden. Dadurch wird das Kettenwachstum beendet.

1. Kombination

Zwei Radikale reagieren miteinander:

$$\text{Ra}-CH_2-CH_2-CH_2-CH_2\cdot + \cdot CH_2-CH_2-CH_2-CH_2-\text{Ra} \longrightarrow$$
$$\text{Ra}-CH_2-CH_2-CH_2-CH_2-CH_2-CH_2-CH_2-CH_2-\text{Ra}$$

2. Umlagerung

Die beiden Kettenenden stabilisieren sich durch die Umlagerung eines H-Atoms; es entsteht ein Alkan und ein Alken:

$$Ra-CH_2-CH_2-CH_2-CH_2\cdot + \cdot CH_2-CH_2-CH_2-CH_2-Ra \longrightarrow$$

$$\underset{\text{Alkan}}{Ra-CH_2-CH_2-CH_2-CH_3} + \underset{\text{Alken}}{CH_2=CH-CH_2-CH_2-Ra}$$

3. Übertragung
Das Wachstum einer Kette kann auch durch Übertragung beendet werden. Der Unterschied zur Umlagerung besteht darin, daß bei Vorhandensein oder nach Zugabe einer Reglersubstanz (Übertragungsmolekül) ein anderes reaktives Teilchen gebildet wird, welches eine neue Kette startet. Durch diese Maßnahme kann die Kettenlänge in Polymeren klein gehalten werden:

$$\cdots CH_2-CH_2\cdot + CCl_4 \longrightarrow \cdots CH_2-CH_2-Cl + \cdot CCl_3$$ Abbruchreaktion der einen Kette

$$\cdot CCl_3 + CH_2=CH_2 \longrightarrow Cl_3C-CH_2-CH_2\cdot$$ Startreaktion einer anderen Kette

Übung 3:
Geben Sie die Reaktionsgleichung für je einen Kettenabbruch durch Kombination, Umlagerung und Übertragung für die Polymerradikale von Vinylchlorid an!

Tip: Benutzen Sie Polymerketten, die nur aus drei Monomeren bestehen! Schreiben Sie das Startradikal mit in die Strukturformel hinein!

Übung 4:
Welche Rückschlüsse erlaubt die Endgruppe der Polymerketten auf den Mechanismus des Kettenabbruchs?

Inhibitoren
Einige Übertragungsmoleküle sind aufgrund ihrer Reaktionsträgheit nicht mehr in der Lage, eine neue Kette zu beginnen. Zu diesen Verbindungen zählen Amine, Phenole und Chinone. Man bezeichnet sie als **Inhibitoren:**

$$\cdots\cdots CH_2-CH_2\cdot + \text{Inhib-H} \longrightarrow \underset{\text{kein neuer Kettenstart}}{\cdots\cdots CH_2-CH_3 + \text{Inhib}\cdot}$$

Der Inhibitor wird durch Kombination oder Disproportionierung weiter stabilisiert. Die Kettenlänge läßt sich durch die Menge des zugefügten Inhibitors beeinflussen.

Kationische Polymerisation

Initiatoren
Der Kettenstart kann auch durch Kationen eingeleitet werden. Diese entstehen durch Reaktion von Lewis-Säuren (z.B. BF_3 oder $AlCl_3$) mit einem weiteren Molekül:

$$BF_3 + H_2O \longrightarrow H^{\oplus} + BF_3OH^{\ominus}$$

Kettenstart

$$H^{\oplus} + CH_2=CH_2 \longrightarrow H-CH_2-CH_2^{\oplus}$$

Tabelle: Durch Polymerisation hergestellte Kunststoffe

Monomer	Grundbaustein des Polymers	Handelsname ®
Radikalische Reaktion: Allgemein: 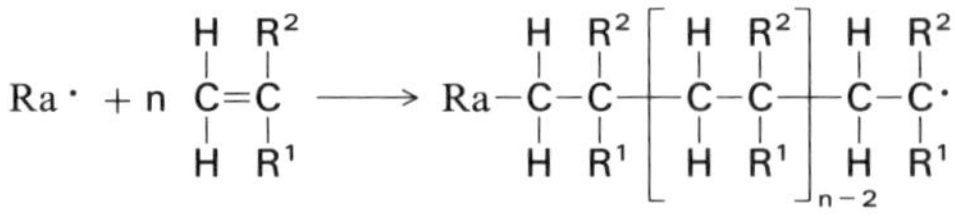		
$CH_2{=}CH_2$ Ethylen	$\cdots\cdots CH_2{-}CH_2\cdots\cdots$ Polyethylen	Hostalen Lupolen Vestolen
$CH_2{=}CH{-}C{\equiv}N$ Acrylnitril	$\cdots\cdots CH_2{-}CH(C{\equiv}N)\cdots\cdots$ Polyacrylnitril	Orlon Dralon
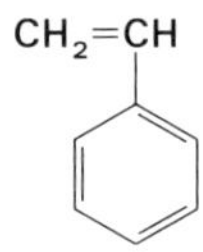 Styrol	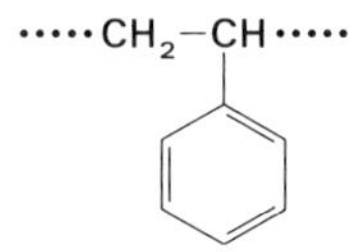 Polystyrol	Styropor Vestyron Hostyren
$CH_2{=}CH{-}Cl$ Vinylchlorid	$\cdots\cdots CH_2{-}CH(Cl)\cdots\cdots$ Polyvinylchlorid (PVC)	Hostalit Vestolit
$CH_2{=}C(CH_3){-}C({=}O)OCH_3$ Methacrylsäure- methylester	$\cdots\cdots CH_2{-}C(CH_3)(COOCH_3)\cdots\cdots$ Polymethacrylsäure- methylester	Plexiglas
$F_2C{=}CF_2$ Tetrafluorethylen	$\cdots\cdots CF_2{-}CF_2\cdots\cdots$ Polytetrafluorethylen	Teflon Hostaflon

Tabelle: Durch Polymerisation hergestellte Kunststoffe

Monomer	Grundbaustein des Polymers	Handelsname ®
$CH_2{=}CH{-}O{-}CO{-}CH_3$ Vinylacetat	$\cdots CH_2{-}CH(O{-}CO{-}CH_3)\cdots$ Polyvinylacetat	
Kationische Reaktion: Allgemein: $R^{\oplus} + CH_2{=}CH_2 \longrightarrow R{-}CH_2{-}CH_2^{\oplus}$ und weitere Stufen		
Styrol	Formel siehe oben	
$CH_2{=}CH{-}CH{=}CH_2$ 1,3-Butadien	$\cdots CH_2{-}CH{=}CH{-}CH_2\cdots$ 1,4-Polybutadien	Buna
$CH_3{-}C(CH_3){=}CH_2$ 2-Methylpropen	$\cdots C(CH_3)_2{-}CH_2\cdots$ Polymethylpropen	
$CH_2{=}CH{-}O{-}CH_3$ Vinylether	$\cdots CH_2{-}CH(O{-}CH_3)\cdots$ Polyvinylether	
Anionische Reaktion: Allgemein: $R^{\ominus} + CH_2{=}CH_2 \longrightarrow R{-}CH_2{-}CH_2^{\ominus}$ und weitere Stufen		
Styrol Methacrylsäure-methylester 1,3-Butadien Acrylnitril	Formeln siehe oben	
$CH_2{=}CH{-}OC{-}O{-}CH_3$ Acrylsäure-methylester	$\cdots CH_2{-}CH(OC{-}O{-}CH_3)\cdots$ Polyacrylsäure-methylester	Plexiglas

Kettenwachstum

$$H-CH_2-CH_2^{\oplus} + CH_2=CH_2 \longrightarrow H-CH_2-CH_2-CH_2-CH_2^{\oplus}$$

Allgemein:

$$H-CH_2-\underset{R}{\underset{|}{C}}H^{\oplus} + nCH_2=\underset{R}{\underset{|}{C}}H \longrightarrow H\left[CH_2-\underset{R}{\underset{|}{C}}H\right]_n CH_2-\underset{R}{\underset{|}{C}}H^{\oplus}$$

Kettenabbruch
Durch Anlagerung von Anionen kann das Wachstum der Polymerkette beendet werden. Die Abspaltung eines Protons führt ebenfalls zu einem Kettenabbruch.

Anionische Polymerisation

Der Kettenstart wird hierbei durch starke Basen (z. B. auch Organometallverbindungen) ausgelöst, z. B.:

Kaliumamid $KNH_2 \longrightarrow K^{\oplus} + NH_2^{\ominus}$; n-Butyllithium $Li-C_4H_9 \longrightarrow Li^{\oplus} + C_4H_9^{\ominus}$.

Kettenstart

$$NH_2^{\ominus} + CH_2=CH_2 \longrightarrow \underset{\text{Carboanion}}{NH_2-CH_2-CH_2^{\ominus}}$$

Kettenwachstum

$$NH_2-CH_2-CH_2^{\ominus} + CH_2=CH_2 \longrightarrow \underset{\text{Carboanion}}{NH_2-CH_2-CH_2-CH_2-CH_2^{\ominus}}$$

Kettenabbruch
Besonders bei anionischen Mechanismen werden Verunreinigungen der Polymerisationsmischung angelagert. Das reaktive Kettenende wird inaktiviert.

2.2.2 Polykondensation

Unter Polykondensation versteht man die Reaktion von bi- oder oligofunktionellen Monomeren zu Makromolekülen unter Abspaltung kleiner Moleküle, z. B. Wasser, Chlorwasserstoff.

Hinweis: Wiederholen Sie die verschiedenen Bildungsmöglichkeiten für Ester und Amide und die bei der Bildung auftretenden Probleme sowie den Molekülbau der Ester- und Amidbindung!

Übung 5:
Geben Sie jeweils die ersten beiden Kondensationsschritte an, die den Beginn der Bildung eines Makromoleküls darstellen! Benutzen Sie als Ausgangsstoffe a) eine Disäure und ein Diol und b) eine Hydroxycarbonsäure!

Tabelle: Durch Polykondensation hergestellte Kunststoffe

Monomere	**Grundbaustein des Polymers, Handelsname ®**
Allgemein: $HOOC-(CH_2)_n-COOH + HO-(CH_2)_n-OH \longrightarrow HOOC-(CH_2)_n-CO-\bar{O}-(CH_2)_n-OH + H_2O$ Die Reaktion wird in weiteren Stufen wiederholt!	
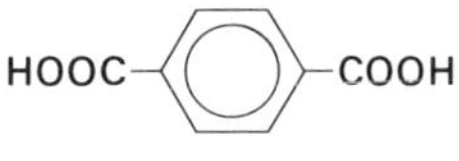 Terepthalsäure $HO-CH_2-CH_2-OH$ 1,2-Ethandiol (Ethylenglykol)	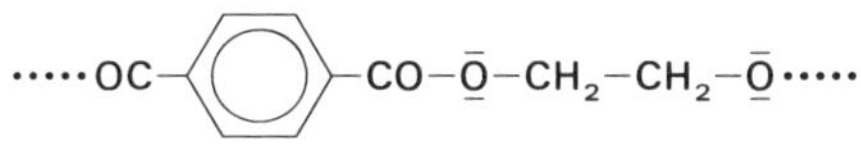 Trevira, Diolen
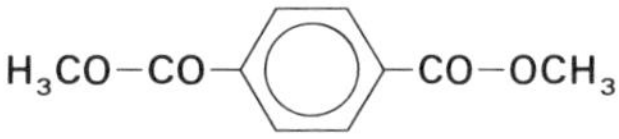 Terephthalsäuredimethylester $HO-CH_2-CH_2-OH$ 1,2-Ethandiol	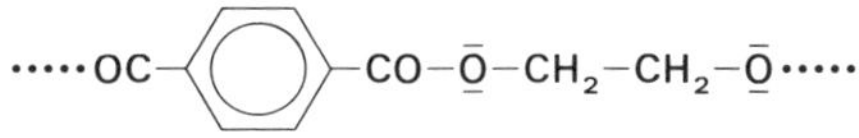 Trevira, Diolen
$HOOC-(CH_2)_4-COOH$ Adipinsäure $H_2N-(CH_2)_6-NH_2$ Hexamethylendiamin	$\cdots\cdots OC-(CH_2)_4-CO-\bar{N}H-(CH_2)_6-\bar{N}H\cdots\cdots$ Polyamid, Nylon 66
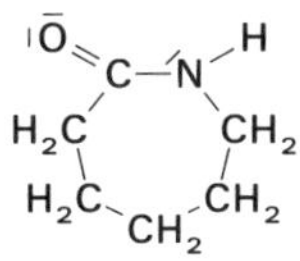 ε-Caprolactam (6-Aminohexansäurelactam)	$\cdots\cdots OC-(CH_2)_5-\bar{N}H\cdots\cdots$ Polyamid, Perlon
$Cl-CO-Cl$ Kohlensäuredichlorid 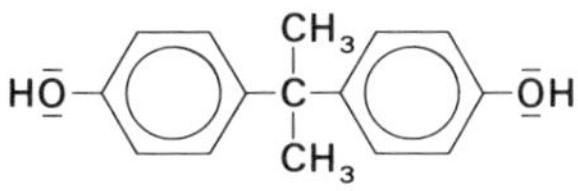 Bisphenol A	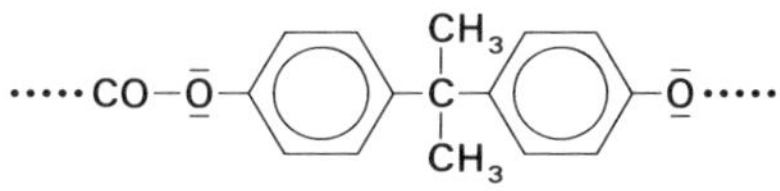 Polycarbonat, Makrolon

Übung 6:
Versuchsvorschrift: In ein Becherglas wird eine Lösung von Sebacinsäuredichlorid ($ClOC-(CH_2)_8-COCl$) gegeben. Man überschichtet mit einer wäßrigen Lösung von Hexamethylendiamin ($H_2N-(CH_2)_6-NH_2$). An der Grenzfläche bildet sich ein Nylonfilm, der mit einer Pinzette herausgezogen werden kann.
Formulieren Sie einen Reaktionsschritt!

Reaktionsverlauf

Zu Beginn der Kondensationsreaktion werden viele Monomere zu Zweier- oder Dreiergruppen zusammengefügt. Erst im weiteren Verlauf der Reaktion werden diese zu größeren Aggregaten verbunden. Im Gegensatz zur Kettenreaktion bei der Polymerisation nennt man diese Reaktion deshalb Stufenreaktion.

Die Kondensationsreaktion ist eine Gleichgewichtsreaktion. Dies bedeutet, daß die Rückreaktion den vollständigen Umsatz des Ausgangsmaterials verhindert. Um Makromoleküle zu erhalten, muß man also das Gleichgewicht in Richtung der Produkte verschieben, indem man z. B. das entstehende kleine Molekül (Wasser) aus dem Reaktionsgemisch entfernt.

Übung 7:
In den beiden Graphen ist der Reaktionsverlauf zweier unterschiedlicher Reaktionen zur Herstellung von Makromolekülen dargestellt.

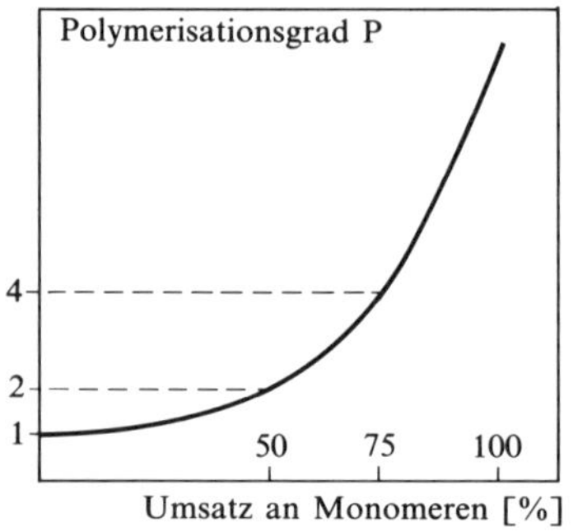

Graph G1

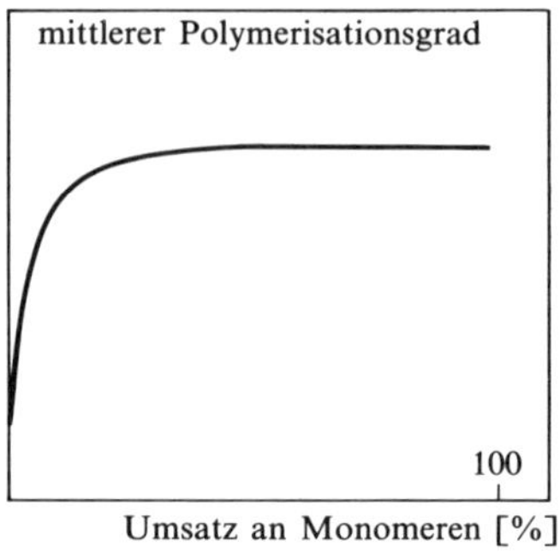

Graph G2

Versuchen Sie, die Aussagen der beiden Graphen mit eigenen Worten wiederzugeben! Zu welchen Reaktionstypen gehören die beiden Reaktionsverläufe? Begründen Sie Ihre Entscheidung!

Tip: Bevor Sie mit der Interpretation beginnen, machen Sie sich klar, was auf den beiden Achsen aufgetragen ist! Schlagen Sie die Definition des Polymerisationsgrades auf Seite 26 nach!

Übung 8:
Dieses Bild gibt einen Ausschnitt aus der Strukturformel eines Makromoleküls wieder:

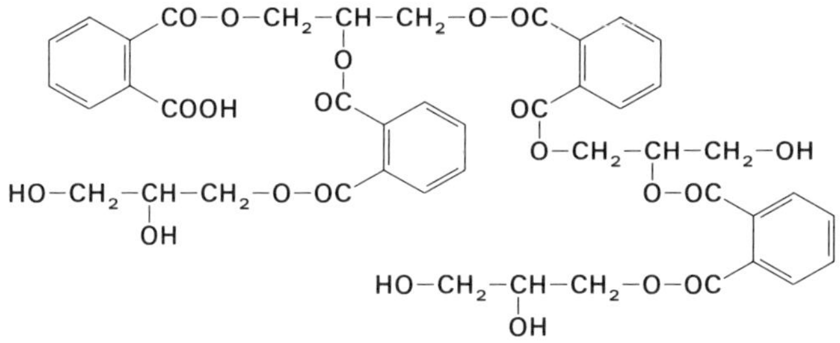

Welches waren die Monomere? Geben Sie einen Reaktionsschritt an!

Tip: Markieren Sie die entscheidende Atomgruppe mit einem Farbstift! Überlegen Sie, wie diese gebildet werden kann!

2.2.3 Polyaddition

Der wichtigste Einsatz der Additionsreaktion zur Herstellung von Makromolekülen ist die Bildung von **Polyurethanen.** Hierzu müssen – ebenso wie bei Kondensationsreaktionen – zwei oder mehr funktionelle Gruppen in einem Monomer vorhanden sein.

Zur Herstellung von Polyurethanen bedient man sich der Isocyanate und Alkoholen oder Aminen als deren Reaktionspartner:

Isocyanate: $R-\underline{N}=C=O\rangle$ Alkohole: $R-\overline{\underline{O}}-H$ Amine: $R-\overline{N}H_2$

Übung 9:
Geben Sie die allgemeine Strukturformel eines Diisocyanats, eines Diols und eines Diamins an!
Machen Sie unter Berücksichtigung der Elektronegativität der C-, N- und O-Atome (C 2,5; N 3,0; O 3,5) Aussagen über die Elektronenverteilung in den drei Gruppen!

Reaktionsverlauf

Die Polyaddition verläuft, ähnlich wie die Polykondensation, stufenweise.

Erster Additionsschritt, z. B.:

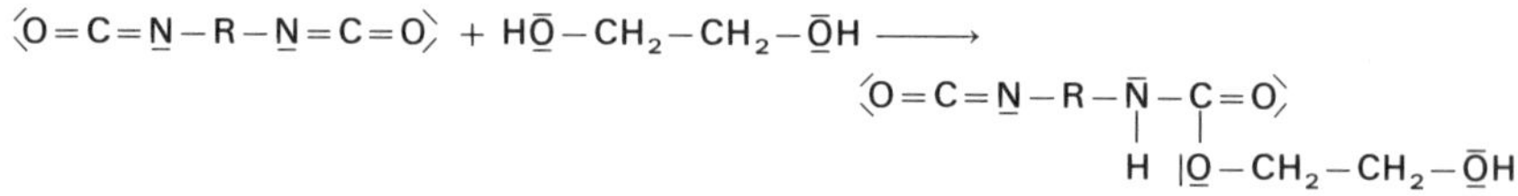

Zweiter Additionsschritt:
Zwei Doppelmoleküle reagieren miteinander.

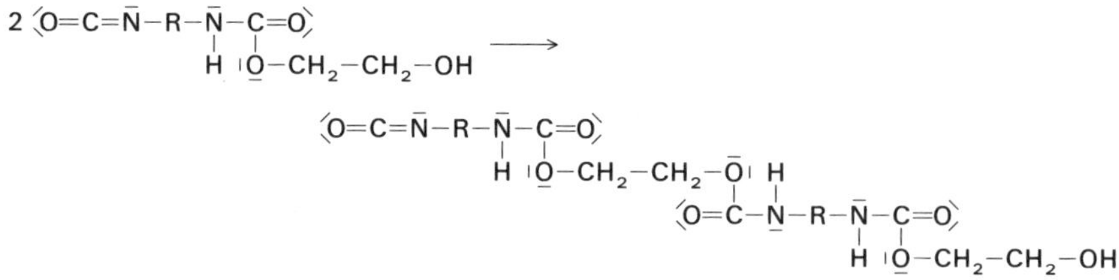

Das freie Elektronenpaar des O-Atoms der Hydroxylgruppe kann mit dem positivierten C-Atom der Isocyanatgruppe in Wechselwirkung treten. Gleichzeitig wird ein Proton vom O- zum N-Atom übertragen. Diesen Reaktionstyp nennt man Polyaddition.

Übung 10:
Geben Sie analog zu obiger Reaktion den ersten Reaktionsschritt und eine Reaktionsgleichung für die Bildung eines Polyurethans aus jeweils n Molekülen Diisocyanat und Harnstoff an!

Im Gegensatz zu den Diolen kann das verbleibende H-Atom der Aminogruppe des Harnstoffbausteins mit einer weiteren Isocyanatgruppe reagieren, so daß Vernetzungen entstehen. Die Zahl der Vernetzungen kann durch den Mengenanteil an Monomeren im Reaktionsgemisch beeinflußt werden. Für die Eigenschaften des Kunststoffs ist der Vernetzungsanteil wichtig (siehe Seite 25).

Übung 11:
Stellen Sie die Reaktionsgleichung für die Reaktion von jeweils zwei Molekülen 2,4-Diisocyanotoluol mit Propantriol auf! Erklären Sie, warum bei dieser Reaktion vernetztes Polyurethan entstehen kann!

Tip: Schreiben Sie die miteinander reagierenden Isocyanat- und Hydroxylgruppen möglichst geschickt untereinander!

Tabelle: Durch Polyaddition hergestellte Kunststoffe

Monomere	Grundbaustein des Polymers, Handelsname ®
Allgemein: 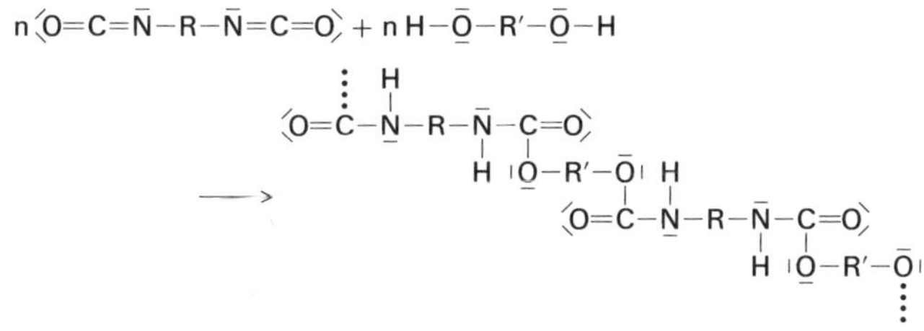 Vereinfachte Schreibweise: $\cdots\cdots CO-NH-R-NH-CO-O-R'-O-CO-NH-R-NH-CO-O-R'-O\cdots\cdots$ lineares Polyurethan	
$O=C=N-(CH_2)_6-N=C=O$ Hexamethylendiisocyanat $HO-(CH_2)_4-OH$ 1,4-Butandiol	$\cdots\cdots C(=O)-N(H)-(CH_2)_6-N(H)-C(=O)-O-(CH_2)_4-O\cdots\cdots$ Perlon U
 Desmodur $H\overline{O}-CH_2-[CH_2-\overline{O}]_n-\overline{O}H$ Desmophen	$\cdots\cdots C(=O)-N(H)-C_6H_6-N(H)-C(=O)-O-CH_2-[CH_2-O]_n-O\cdots\cdots$ Moltopren

2.2.4 Lösungen

Lösung 1:

A: Polypropylen:
Struktureinheit: $[CH_2-CH(CH_3)]$ Monomer: $CH_2=CH(CH_3)$

B: Polyvinylacetat:
Struktureinheit: $[CH_2-CH(OC-CH_3)]$ Monomer: $CH_2=CH(OC-CH_3)$

C: Poly-1,4-butadien:
Struktureinheit: $[CH_2-CH=CH-CH_2]$ Monomer: $CH_2=CH-CH=CH_2$

Lösung 2:
Vergleichen Sie Ihre Lösung mit den Gleichungen auf Seite 12! Ersetzen Sie den Rest R durch Cl!

Lösung 3:

Kombination

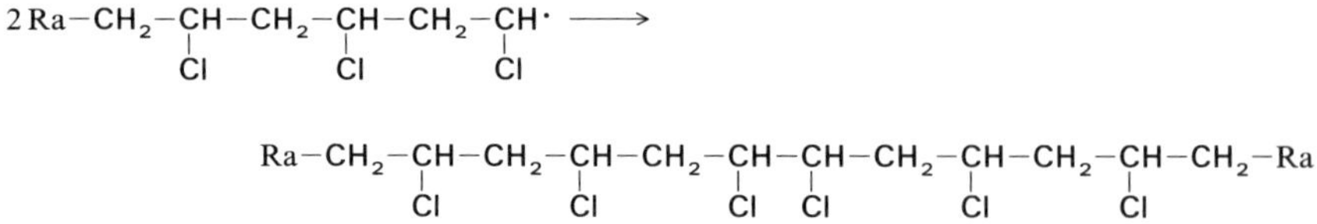

Umlagerung

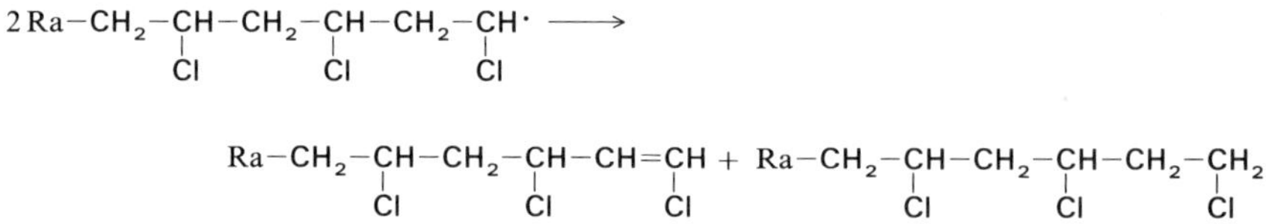

Übertragung

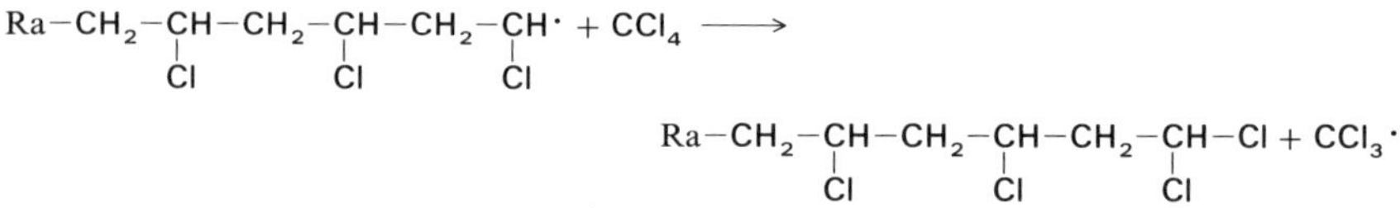

$CCl_3\cdot$ kann die Reaktion fortsetzen:

Lösung 4:

Bei *Kombination:*
An beiden Enden der Polymerkette findet man Initiatorreste.

Bei *Umlagerung:*
Alle Polymerketten besitzen an einem Ende einen Initiatorrest. Ein Teil der Makromoleküle enthält am anderen Ende eine Doppelbindung, der andere Teil eine Alkangruppe.

Bei *Übertragung:*
Man findet am Kettenanfang Reste des Initiators und des Übertragungsmoleküls. Das Kettenende trägt Teile des Übertragungsmoleküls.

Lösung 5:
Z. B. Polyester (aus Disäure und Diol):

Erster Kondensationsschritt:

$$HOOC-R-COOH + H\underline{O}-R-\underline{O}H \longrightarrow HOOC-R-CO-\underline{O}-R-\underline{O}H + H_2O$$

Zweiter Kondensationsschritt:

$$2\,\mathrm{HOOC-R-CO-\overline{\underline{O}}-R-\overline{\underline{O}}H} \longrightarrow$$

$$\mathrm{HOOC-R-CO-\overline{\underline{O}}-R-\overline{\underline{O}}-CO-R-CO-\overline{\underline{O}}-R-OH + H_2O}$$

Z. B. Polyester (aus einer Hydroxysäure):

Erster Kondensationsschritt:

$$2\,\mathrm{H\overline{\underline{O}}-CH_2-COOH} \longrightarrow \mathrm{H\overline{\underline{O}}-CH_2-CO-\overline{\underline{O}}-CH_2-COOH + H_2O}$$

Zweiter Kondensationsschritt:

$$2\,\mathrm{H\overline{\underline{O}}-CH_2-CO-\overline{\underline{O}}-CH_2-COOH} \longrightarrow$$

$$\mathrm{H\overline{\underline{O}}-CH_2-CO-\overline{\underline{O}}-CH_2-CO-\overline{\underline{O}}-CH_2-CO-\overline{\underline{O}}-CH_2-COOH + H_2O}$$

Lösung 6:

Herstellung von Nylon im Schulversuch (1. Reaktionsschritt):

$$\mathrm{Cl-CO-(CH_2)_8-CO-Cl + H_2\overline{N}-(CH_2)_6-\overline{N}H_2} \longrightarrow$$

$$\mathrm{Cl-CO-(CH_2)_8-CO-\overline{N}H-(CH_2)_6-\overline{N}H_2 + HCl}$$

Lösung 7:

Auf der Abszisse des Koordinatensystems ist der Umsatz in Prozent aufgetragen. Die Ordinate gibt den Polymerisationsgrad (G 1) bzw. den mittleren Polymerisationsgrad (G 2) an.
Beim Graphen 1 erreicht man bei einem Umsatz von 50 % einen Polymerisationsgrad von 2 (d. h., je zwei Bausteine wurden miteinander zu Dimeren verbunden). Bei 75 % erreicht man einen Polymerisationsgrad von 4 (Tetramere). Erst bei mehr als 90 % Umsatz erhält man Moleküle mit höherem Polymerisationsgrad. Bei 100 % sollte dementsprechend alles Ausgangsmaterial zu einem Makromolekül zusammengesetzt sein. Dieser Verlauf entspricht einer Kondensationsreaktion.
Beim Graphen 2 steigt der Polymerisationsgrad bei niedrigem Umsatz steil an. Mit zunehmendem Umsatz bleibt der Polymerisationsgrad nahezu konstant. Während der gesamten Reaktion zerfällt der Initiator langsam und liefert daher wenige Radikale oder Ionen.
Je höher der mittlere Polymerisationsgrad ist, um so geringer ist die Wahrscheinlichkeit, daß Monomere in geeigneter Weise mit dem reaktiven Ende der Polymerkette in Wechselwirkung treten können. Deshalb steigt der mittlere Polymerisationsgrad nur noch wenig an und bleibt schließlich konstant. Die Makromoleküle stabilisieren sich durch Abbruchreaktionen. Dieser Verlauf entspricht einer Polymerisation.

Lösung 8:

Die entscheidende Gruppe ist $\mathrm{-CO-\overline{\underline{O}}-}$, die Estergruppe. Ester können aus Alkoholen und Säuren, Alkoholen und Säurechloriden oder Alkoholen und Säureanhydriden gebildet werden. Der Reaktionstyp ist eine Kondensationsreaktion.
Bei der Alkoholkomponente handelt es sich um einen dreiwertigen Alkohol (Propantriol). Die Säurekomponente ist z. B. eine aromatische Disäure (Phthalsäure).

Erster Reaktionsschritt:

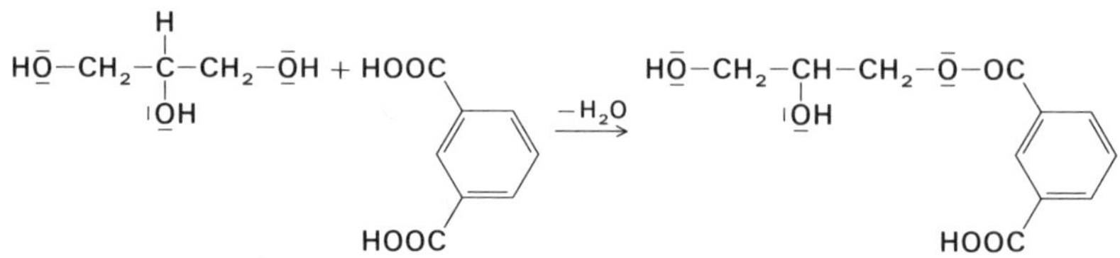

Lösung 9:

$\langle O{=}C{=}N{-}R{-}N{=}\overset{\delta^+}{C}{=}\overset{\delta^-}{O}\rangle$ $\qquad$ $H{-}\underset{|}{\overset{H}{N}}{-}R{-}\overset{\delta^-}{N}(H^{\delta^+}){-}H$ $\qquad$ $H{-}\overset{\delta^+}{\underline{O}}{-}\overset{\delta^-}{R}{-}\underline{O}{-}H$

Durch die unterschiedlichen Elektronegativitäten der C-, H- und N-Atome entstehen polarisierte kovalente Bindungen. Außerdem besitzen die Stickstoff- und Sauerstoffatome freie Elektronenpaare, die als Protonenakzeptoren wirken können.

Lösung 10:

Erster Reaktionsschritt, z. B.:

$$\langle O{=}C{=}N{-}R{-}N{=}C{=}O\rangle + H_2\bar{N}{-}CO{-}\bar{N}H_2 \longrightarrow \langle O{=}C{=}N{-}R{-}\underset{H}{\bar{N}}{-}\underset{|NH-CO-\bar{N}H_2}{C}{=}O\rangle$$

Vereinfachte allgemeine Schreibweise:

$$n\,\langle O{=}C{=}\bar{N}{-}R{-}\bar{N}{=}C{=}O\rangle + n\,H_2\bar{N}{-}CO{-}\bar{N}H_2 \longrightarrow$$

$$\langle O{=}C{=}\bar{N}{-}R{-}\bar{N}H{-}CO{-}\left[\bar{N}H{-}CO{-}\bar{N}H{-}CO{-}\bar{N}H{-}R{-}\bar{N}H{-}CO\right]_{n-1}{-}\bar{N}H{-}CO{-}\bar{N}H_2$$

Lösung 11:

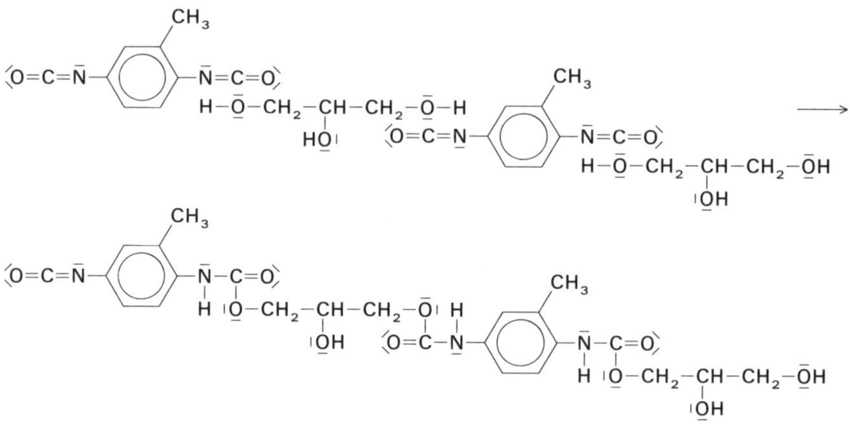

An den freien Hydroxylgruppen des Propantriolbausteins können weitere Additionsreaktionen stattfinden. Man erhält auf diese Weise ein vernetztes Makromolekül.

2.3 Zusammenhang zwischen Struktur und Eigenschaften von Kunststoffen

2.3.1 Einleitung

Je nach Verwendungszweck werden an die Eigenschaften eines Kunststoffs verschiedene Anforderungen gestellt. Eine Beeinflussung der Eigenschaften ist möglich

- duch die Wahl der Grundbausteine,
- durch Steuerung der Reaktionsbedingungen und
- durch nachträgliche Behandlung des Polymers.

Bei gleichen Grundbausteinen kann man durch Kombination der verschiedenen Eingriffsmöglichkeiten eine breite Streuung der Eigenschaften erzielen. Im nächsten Abschnitt soll gezeigt werden, wie die physikalischen und chemischen Eigenschaften beeinflußt werden können.
Die Grundbausteine und ihre Verknüpfung zu Makromolekülen sind Ausgangspunkt der Betrachtungen. Danach folgen Aussagen über die Konstitution und Konformation sowie über deren Auswirkungen auf die räumliche Anordnung einer Polymerkette. Den Abschluß bilden Überlegungen zur räumlichen Anordnung der Polymerketten zueinander.
Diese Reihenfolge der Betrachtungen vom Grundbaustein zum makromolekularen Verband soll Ihnen beim Ermitteln von Kunststoffeigenschaften als Leitlinie dienen.

Hinweis: Erarbeiten Sie sich aus dem Folgenden die Grundlagen! Wenden Sie diese auf die im Unterricht besprochenen Beispiele an!

2.3.2 Strukturelle Merkmale, die die physikalischen und chemischen Eigenschaften beeinflussen

Art und Verknüpfung der Grundbausteine

Ausgangspunkt der Beziehung zwischen Struktur und Eigenschaften eines Kunststoffs sind die Monomere. Die jeweiligen Reste der Monomere haben bei sonst gleicher Grundstruktur Auswirkungen auf das chemische Verhalten und die zwischenmolekularen Kräfte. Diese wiederum haben wesentlichen Einfluß auf den Zusammenhalt der Makromoleküle untereinander.
Die Art der Verknüpfung, z. B. C – C-Bindungen oder Esterbindungen, wirkt sich ebenfalls auf die chemischen Eigenschaften aus. Ester können durch Laugen oder Säuren gespalten werden, während C – C-Ketten nicht angegriffen werden.
Je nach Art der Monomere und der Reaktionsbedingungen entstehen lineare, verzweigte oder vernetzte Makromoleküle.

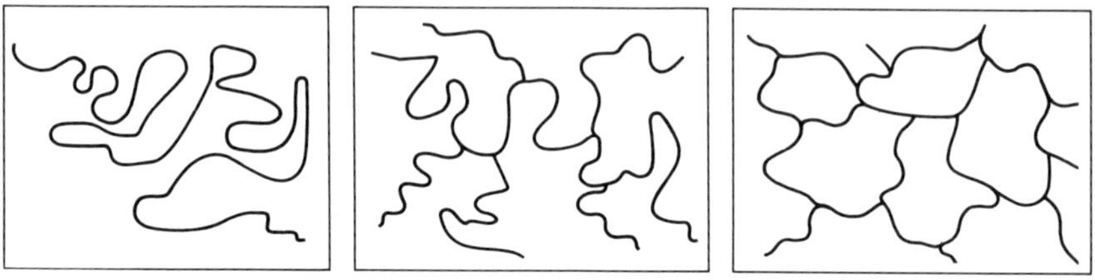

linear verzweigt vernetzt

Hinweis: Bei Bedarf sollten Sie Ihre Kenntnisse über die funktionellen Gruppen auffrischen (Duden-Abiturhilfen Chemie: „Grundlagen der organischen Chemie“).

Übung 1:
Geben Sie Monomere und Reaktionsmechanismen an, die zu linearen, verzweigten und vernetzten Polymeren führen können!

Tip: Benutzen Sie als Hilfsmittel die Übersichten auf den Seiten 14, 15, 17 und 21!

Polymerisationsgrad

Niedermolekulare Stoffe können durch die molare Masse und durch die Schmelz- und Siedetemperatur charakterisiert werden. Bei Makromolekülen gibt es dagegen keine einheitliche molare Masse. Abhängig von den Reaktionsbedingungen und dem Reaktionsmechanismus entstehen unterschiedlich lange Makromoleküle und damit Moleküle mit verschiedenen molaren Massen in demselben Kunststoff. Daher haben Kunststoffe keine exakte Schmelztemperatur. Sie erweichen und schmelzen in einem breiten Temperaturbereich (Schmelzbereich). Die Temperatur, bei dem der Kunststoff vom festen (amorphen, glasartigen) Zustand in einen weichen, plastischen Zustand übergeht, wird auch **Glastemperatur** genannt.
Bevor Makromoleküle in den gasförmigen Zustand übergehen, werden durch die zugeführte Energie kovalente Bindungen gespalten. Kunststoffe zersetzen sich, bevor sie sieden.

niedermolekularer Stoff	**makromolekularer Stoff**
molare Masse	mittlere molare Masse Polymerisationsgrad mittlerer Polymerisationsgrad
Schmelztemperatur	Schmelzbereich
Siedetemperatur	Zersetzungsbereich

Übung 2:
Stellen Sie durch je einen Graphen die theoretische Verteilung der molaren Massen in Polymeren dar, bei deren Bildung zum Start einer radikalischen Polymerisation a) eine große Menge Initiator bzw. b) eine geringe Menge Initiator zugesetzt wurde!

Tip: Auf die Abszisse wird die mittlere molare Masse und auf die Ordinate die Häufigkeit aufgetragen. Benutzen Sie für die Graphen verschiedene Farben!

Wegen der Uneinheitlichkeit und der Größe der molaren Massen hat sich die Einführung des mittleren Polymerisationsgrades als praktisch erwiesen. Der mittlere Polymerisationsgrad gibt die Anzahl der Grundbausteine in den Makromolekülen mittlerer Kettenlänge an:

$$P^* = \frac{\bar{M}\,(\text{poly})}{M} = \frac{\text{Mittelwert der molaren Masse des Polymers}}{\text{molare Masse des Grundbausteins}}$$

Übung 3:
Berechnen Sie die mittlere molare Masse von Polyvinylchlorid, wenn die Ketten mittlerer Länge 800 Grundbausteine enthalten!

Konstitution

Setzt man zur Herstellung von Makromolekülen durch Polymerisation mehr als eine Sorte eines Monomers ein, so spricht man von **Copolymeren**. Natürlich verändern sich die Eigenschaften eines solchen Kunststoffs je nach den chemischen Eigenschaften der beiden Grundbausteine. Für die Abfolge der Grundbausteine innerhalb einer Kette ergeben sich verschiedene Möglichkeiten. Die unterschiedlichen Anordnungen beeinflussen ebenfalls die Eigenschaften.

Übung 4:
Geben Sie die Konstitution von möglichen Polymeren an, die durch Verknüpfung von zwei verschiedenen Monomeren entstehen können!

Tip: Bezeichnen Sie die Monomere mit A und B!

Konfiguration

Die Bindungswinkel und die freie Drehbarkeit der C – C-Einfachbindungen von Makromolekülen entsprechen grundsätzlich denen der niedermolekularen Monomere (Erklärung mit dem VB-Modell anhand der sp^3-Hybridisierung). Daher ergeben sich bei der Bildung der Makromoleküle verschiedene Konfigurationen.

Übung 5:
Welche Konfiguration können die CH_3-Gruppen in Polypropylen haben?

Räumliche Anordnung eines Makromoleküls (Sekundärstruktur)

Durch Drehung um die C – C-Bindungsachse sind bei Einzelmakromolekülen verschiedene Anordnungen möglich, die man als Konformationen bezeichnet.
Makromoleküle mit hohem Polymerisationsgrad (z. B. 800) bilden im Normalfall wirre Knäuel mit statistisch verteilten Konformationen. Das Molekül befindet sich in einem *entropisch günstigen Zustand* (Zustand hoher **Entropie**). Versucht man das Molekül zu einer linearen Kette zu ordnen, so erfordert dies Arbeitsaufwand und führt zu einem entropisch ungünstigen Zustand (Zustand niedriger Entropie).

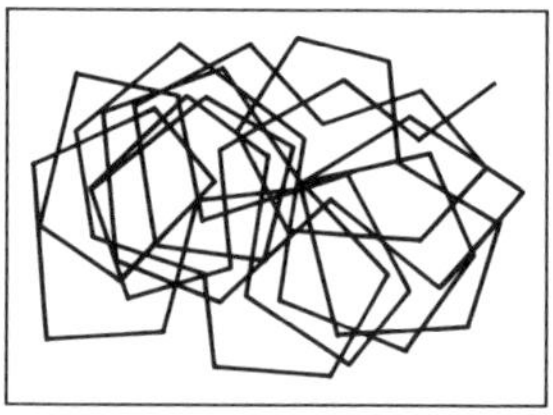

günstige Entropie

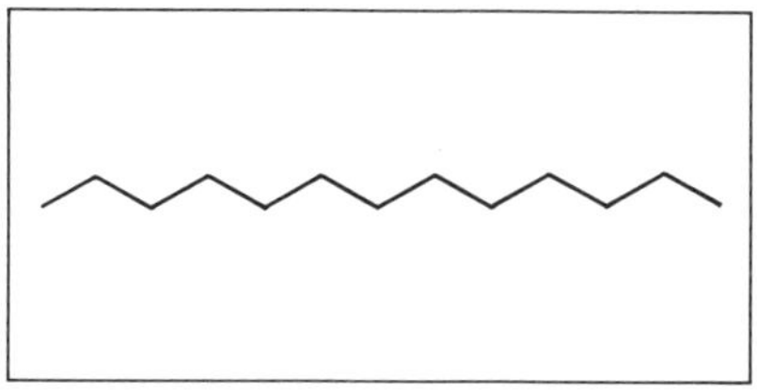

ungünstige Entropie

Wirre Knäuel mit hoher Entropie werden besonders in Lösungen erreicht. Gestreckte Konformationen kommen wenigstens teilweise im festen Aggregatzustand vor, wenn zwischenmolekulare Kräfte diese Anordnung stabilisieren. Weitere Sekundärstrukturen können gefaltete Ketten oder Schrauben (Helices) sein.

Räumliche Anordnung mehrerer Makromoleküle zu einem Verband (Tertiärstruktur)

Dem kristallinen Aufbau von niedermolekularen Stoffen entspricht bei Makromolekülen die räumliche Anordnung im Verband. Sie kann auch als Tertiärstruktur bezeichnet werden.
Bei Polymeren ist ein kristalliner Aufbau schwierig, weil das Makromolekül häufig die Struktur eines statistischen Knäuels einnimmt. Damit sich ein regelmäßiger Aufbau einstellen kann, müssen die Makromoleküle in gestreckter Form vorliegen. So können zwischenmolekulare Kräfte optimal wirksam werden und für einen guten Zusammenhalt sorgen. Das Wirken starker zwischenmolekularer Kräfte führt zu einer *günstigen Enthalpie* (Zustand hoher negativer **Enthalpie**).

statistische Knäuel ⟶ maximale Entropie (S)
kristalliner Bereich ⟶ maximale Enthalpie (H)

Das Überwiegen von Entropie oder Enthalpie ist entscheidend für die Tertiärstruktur, da jedes System eine möglichst hohe negative **freie Energie** anstrebt ($\Delta G = \Delta H - T \cdot \Delta S$).

> **Übung 6:**
> Zeichnen Sie jeweils Ausschnitte von zwei gestreckten Makromolekülen a) des Polyethylens und b) eines Polyamids nebeneinander! Welche zwischenmolekularen Kräfte können jeweils zwischen den Molekülen wirken?

Die wenigsten Polymere erreichen einen vollständig kristallinen Zustand. Meist wechseln in einem Kunststoff kristalline Bereiche mit ungeordneten, amorphen Bereichen ab.

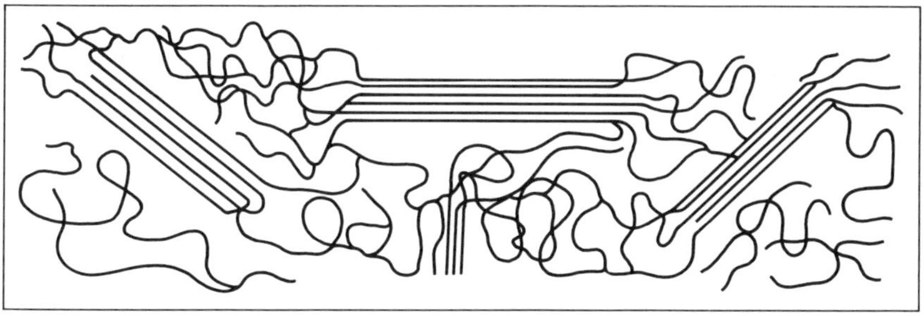

kristalline und ungeordnete Bereiche

Die Anzahl der kristallinen Bereiche beeinflußt die mechanischen Eigenschaften (z. B. Härte, Zugfestigkeit) außerordentlich.
Außer der bereits besprochenen Struktur mit kristallinen und amorphen Bereichen sind noch zwei weitere Tertiärstrukturen von Interesse. Es handelt sich um eine Struktur, die sich durch Zusammenlagerung statistischer Knäuel ergibt, und um die regellose Durchdringung aller Makromoleküle, die sogenannte Spaghettistruktur.

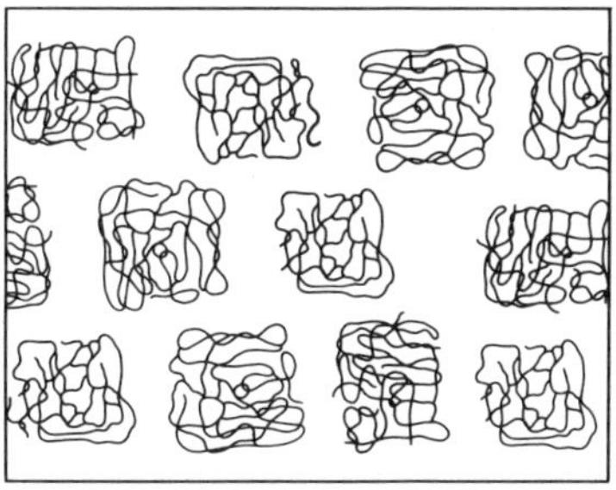

statistische Knäuel

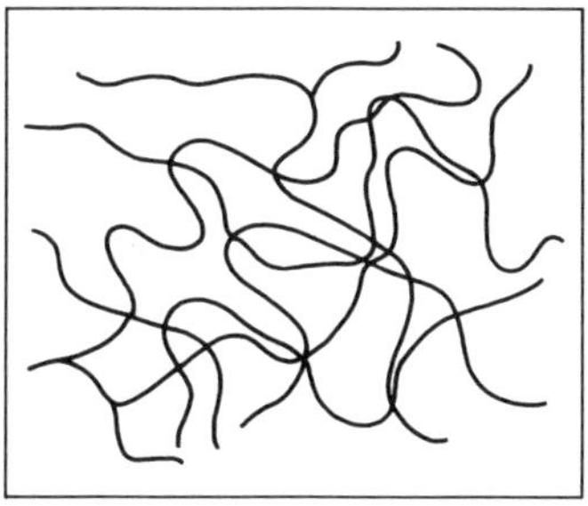

Spaghettistruktur

Die Spaghettistruktur hat eine besondere Bedeutung für den **Glaszustand**. Bei höherer Temperatur führen Teile der Makromoleküle Bewegungen aus. Unterhalb einer bestimmten Temperatur, der Glastemperatur, können diese Bewegungen völlig eingefroren sein. Die räumliche Anordnung der Makromoleküle sieht dann einer Portion tiefgefrorener Spaghetti ähnlich.

Hinweis: Im folgenden Kapitel werden die Begriffe Primär-, Sekundär- und Tertiärstruktur in der obigen Definition verwendet.

2.3.3 Lösungen

Lösung 1:
Linear: z. B. Polyester aus Terephthalsäure und Butandiol. Als Mechanismus kommt eine Polykondensation in Frage.
Verzweigt: z. B. Vinylacetat. Durch Übertragungsreaktionen lassen sich Verzweigungen an der Hauptkette anbringen.
Vernetzt: z. B. Kohlensäuredichlorid und Glycerin. Diese reagieren in einer Kondensationsreaktion zu stark vernetzten Makromolekülen.

Lösung 2

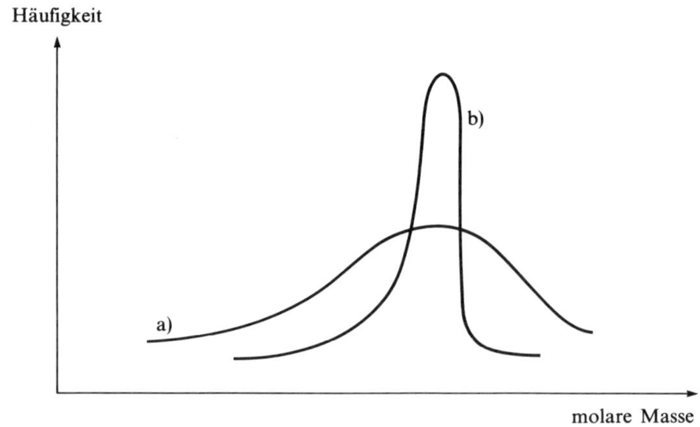

Lösung 3:

M(Monomer) = 62,5 g/mol; Polymerisationsgrad P* = 800.

Gleichung: $\bar{M}(\text{poly}) = P^* \cdot M$
$\bar{M}(\text{poly}) = 800 \cdot 62{,}5\ \text{g/mol} \Rightarrow \bar{M}(\text{poly}) = 50\,000\ \text{g/mol}$

Die mittlere molare Masse des Polymers beträgt 50 000 g/mol.

Lösung 4:

Statistische Anordnung:	ABBAAABBABBBBAAAABBABABAAA
Alternierende Anordnung:	ABABABABABABABABABABABABAB
Blockartige Anordnung:	AAAAAAAAAAAAABBBBBBBBBBBBB

Eine weitere Anordnung ergibt sich, wenn man an eine Kette aus A-Grundbausteinen Verzweigungen mit B-Grundbausteinen anfügt:

```
AAAAAAAAAAAAAAAAAAAAAAAA
  B      B         B
  B      B         B
  B      B
         B
```

Lösung 5:

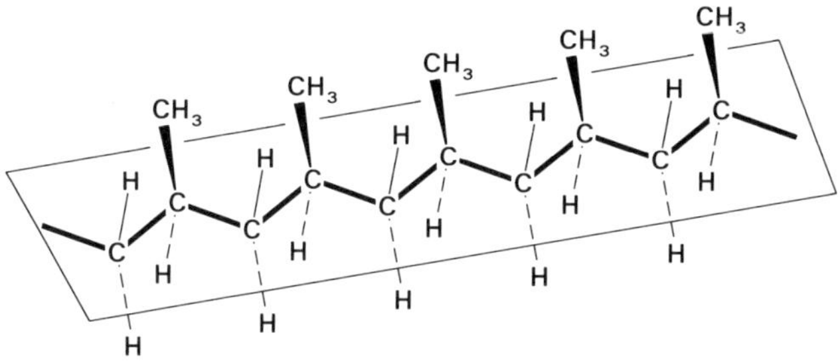

Diese Konfiguration bezeichnet man als **isotaktisch** (die CH_3-Gruppen zeigen alle in die gleiche Richtung).

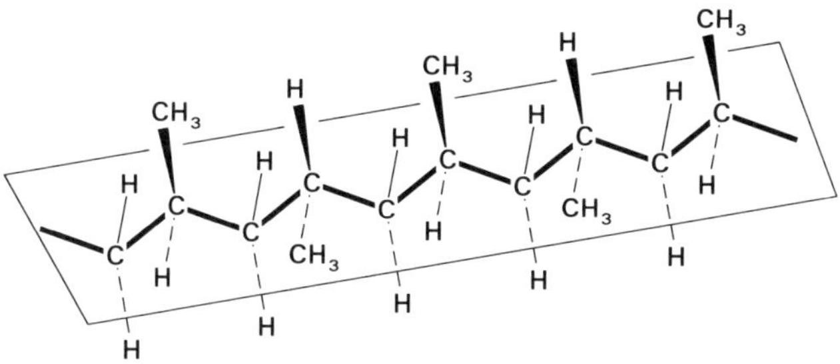

Diese Konfiguration bezeichnet man als **syndiotaktisch** (die CH_3-Gruppen zeigen abwechselnd nach „vorn" und nach „hinten").

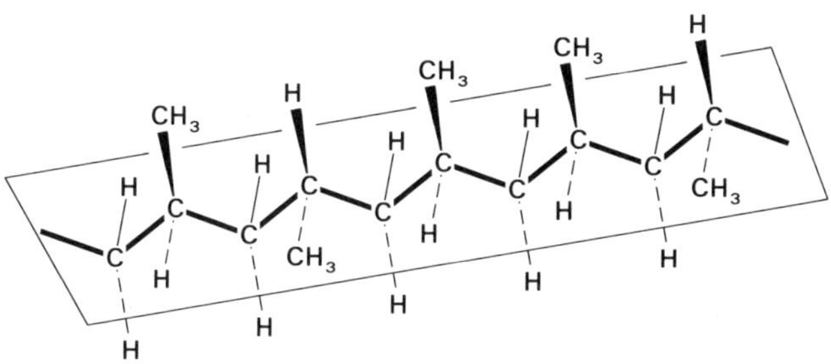

Diese Konfiguration bezeichnet man als **ataktisch** (die CH_3-Gruppen zeigen nach einer statistischen Zufallsverteilung nach „vorn" und nach „hinten").

Lösung 6:

Polyethylen:

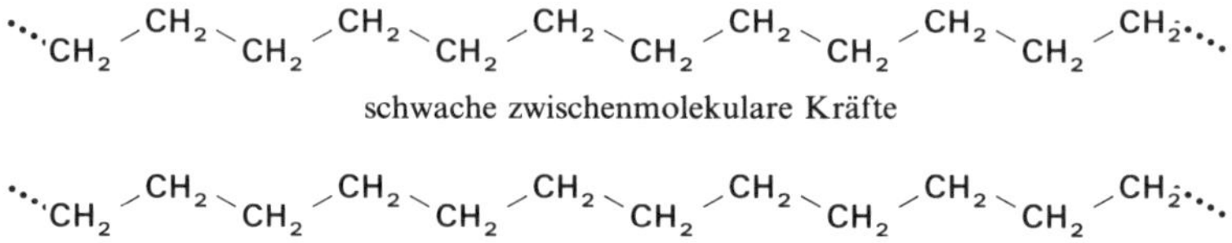

Zwischen den Polyethylenketten können nur schwache zwischenmolekulare Kräfte wirken.

Polyamide:

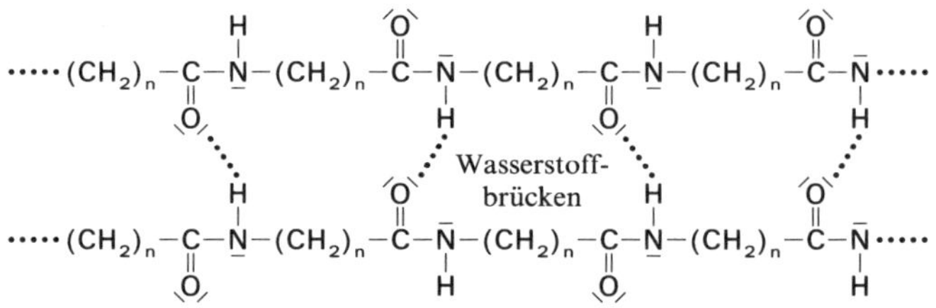

Zwischen den Carbonyl- und den Aminogruppen der Polyamidketten können Wasserstoffbrücken entstehen. Die große Zahl der Bindungen bewirkt einen guten Zusammenhalt der Ketten.

2.4 Verwendung von Kunststoffen

2.4.1 Einleitung

Die Verwendung der Kunststoffe ermöglicht eine weitere Gliederung. Die Mehrzahl der Kunststoffe kann vier Anwendungsbereichen zugeordnet werden: *Fasern, Elastomere, Thermomere* und *Duromere.*
Für jeden Anwendungsbereich sollte der Kunststoff charakteristische Eigenschaften mitbringen. Diese Eigenschaften und die ihnen zugrundeliegenden Strukturen werden im folgenden Abschnitt an Beispielen aufgezeigt.
Hinweis: Hierfür werden Kenntnisse aus dem Abschnitt 2.3 benötigt.

2.4.2 Fasern

Fasern sind lange, dünne Stränge aus Kunststoffen. Sie werden hergestellt, indem man Polymere in flüssigem Zustand oder in Lösung durch feine Spinndüsen preßt und verstreckt. In ihnen sind viele Makromoleküle überwiegend in Faserrichtung angeordnet. Diese Fasern werden zu Fäden versponnen. Wichtigstes Merkmal einer Faser ist ihre Zugfestigkeit in Faserrichtung. Die Fasern haben normalerweise Glastemperaturen zwischen 40 und 80 °C.

Verhalten von Fasern bei verschiedenen Temperaturen

Gebrauchsbereich	Verarbeitungsbereich	
T_g	Schmelzbereich	
glasartiger teilkristalliner Zustand	Schmelze	Zersetzung

steigende Temperatur →

T_g = Glastemperatur.

Primärstruktur

Man wählt Monomere, die durch Kondensations- oder Polymerisationsreaktionen zu langen, kettenförmigen Makromolekülen zusammengefügt werden können. Außerdem sollten polare Seitengruppen vorhanden sein, um zwischenmolekulare Kräfte ausbilden zu können.

Übung 1:
Schlagen Sie die Struktur des Monomers Acrylnitril in der Übersicht nach! Machen Sie anhand der Elektronegativitäten von C-, H- und N-Atomen Aussagen über die Ladungsverteilung im Molekül!

Sekundärstruktur

Bei der Polymerisation entstehen lineare Ketten. Diese bilden in der Faser ein Muster verschlungener und verknäuelter Makromoleküle. Die Entropie ist hoch, der Zustand daher günstig.

Tertiärstruktur

Durch Verstrecken (Zugkraft in Faserrichtung) gelingt es, viele Makromoleküle in die gestreckte Form zu bringen und nebeneinander anzuordnen. Die Makromoleküle kommen sich so nahe, daß zwischenmolekulare Kräfte wirksam werden und kristalline Bereiche entstehen. Der sich so einstellende Zustand ist stabiler als der Ausgangszustand, da die Enthalpiezunahme die Entropieabnahme überwiegt. Die Ausbildung kristalliner Zonen führt zu einem sprunghaften Anstieg der Zugfestigkeit.

Übung 2:
Zeichnen Sie einen Ausschnitt aus einer Polyacrylnitrilfaser im verstreckten Zustand! Welche Auswirkungen auf die Eigenschaften der Faser erwarten Sie?

2.4.3 Elastomere

Elastomere sind Kunststoffe, die eine hohe Elastizität aufweisen. Dies bedeutet: Auf das Elastomer einwirkende Kräfte führen zu einer Verformung. Die

Anordnung der Makromoleküle wird dadurch verändert (energetisch ungünstiger Zustand). Sobald die Kraft nachläßt, wird wieder die ursprüngliche Form eingenommen. Das Streben nach dem günstigeren Energiezustand ist die Triebfeder der Elastizität. Ein typischer Vertreter der Elastomere ist der Kautschuk (Gummi).

Verhalten von Elastomeren bei verschiedenen Temperaturen

	Gebrauchsbereich	
T_g		
glasartiger Zustand, hart	elastisch	Zersetzung

steigende Temperatur →

T_g = Glastemperatur.

Die Gebrauchstemperatur muß oberhalb der Glastemperatur liegen, denn die Molekülbewegungen dürfen nicht eingefroren sein.

Primärstruktur

Als Monomere eignen sich im Prinzip Verbindungen, die sich zu verknäuelten Makromolekülen zusammenfügen lassen. Um technisch nutzbare Elastomere herzustellen, müssen noch Verknüpfungen zwischen den Makromolekülen möglich sein.

Übung 3:
Geben Sie die Reaktionsgleichung für die Bildung von Polybutadien aus 1,3-Butadien an! Als Starter dient metallisches Natrium.

Tip: Beachten Sie, daß Butadien eine 1,2- und eine 1,4-Verknüpfung eingehen kann!

Sekundärstruktur

Die 1,2-Verknüpfung ergibt lineare Makromoleküle mit Seitenketten, die je eine Doppelbindung enthalten. Eine starke Verhakung der Moleküle ist die Folge. Bei der 1,4-Verknüpfung werden lineare Moleküle ohne Seitengruppen gebildet. Die Moleküle sind stark verknäuelt, ohne sich ineinander zu verhaken.

Tertiärstruktur

Die zwischenmolekularen Kräfte sind schwach (Van-der-Waals-Kräfte). Bei Zugbelastung werden die Knäuel auseinandergezogen. Bei 1,2-Polybutadien ist dies wegen der Seitengruppen schlechter möglich als im 1,4-Polybutadien. Verschwindet die Krafteinwirkung, nehmen die Makromoleküle wieder eine stark verknäuelte Struktur ein. Damit die Ketten im 1,4-Polybutadien bei

Zugbelastung nicht aneinander vorbeigleiten können, werden die Makromoleküle an wenigen Stellen miteinander vernetzt.

Übung 4:
Zeichnen Sie schematisch 1,4-Polybutadien-Ketten mit wenigen Vernetzungen, auf die Zugkräfte wirken! Vergleichen Sie mit dem Normalzustand!

Übung 5:
Welche Abbruchreaktionen bei Polymerisationen eignen sich, um Vernetzungen an einem Polymer zu erzeugen?

2.4.4 Thermomere

Thermomere sind Kunststoffe, die innerhalb eines breiten Temperaturbereichs vom festen in den flüssigen Aggregatzustand übergehen. Thermomere kommen im festen Zustand zur Anwendung, während sie im zähflüssigen oder flüssigen Zustand verarbeitet werden.

Verhalten von Thermomeren bei verschiedenen Temperaturen

Gebrauchsbereich		Verarbeitungsbereich	
	T_g Schmelzbereich		
glasartiger Zustand, hart	thermoelastisch	thermoplastisch	Zersetzung

→ steigende Temperatur

T_g = Glastemperatur.

Primärstruktur

Als Monomere eignen sich Verbindungen, die sich zu linearen oder wenig verzweigten Makromolekülen polymerisieren lassen.

Übung 6:
Geben Sie einen Reaktionsmechanismus für die Bildung von Polystyrol an!

Sekundärstruktur

Die Makromoleküle liegen häufig als lineare, wenig verzweigte Ketten vor.

Tertiärstruktur

Die Makromoleküle nehmen meist eine Spaghettistruktur ein. Durch Temperaturerhöhung können sie von dem spröden, harten Zustand über Zwischen-

stufen in einen plastischen Zustand übergeführt werden. Jede Krafteinwirkung ruft eine Verformung hervor. Die zwischenmolekularen Kräfte dürfen nicht sehr stark sein, damit die Makromoleküle leicht aneinander vorbeigleiten können. Nach dem Abkühlen behält der Kunststoff die Form bei.
Der Einbau von Weichmachern vermindert die Sprödigkeit des Kunststoffs.

Übung 7:
Material aus PVC enthält oft Weichmacher. Die Weichmacher können Phthalsäure- oder Phosphorsäureester sein, z. B. Phthalsäuredinonylester:

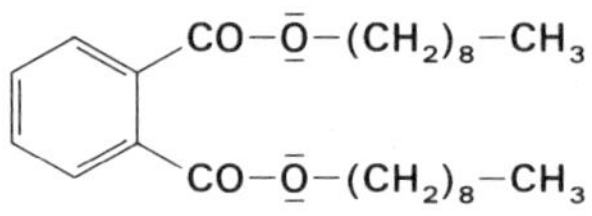

Welche zwischenmolekularen Kräfte werden zwischen den PVC-Molekülen wirksam?
Erklären Sie die Wirkung der Weichmacher!
Warum dürfen die Weichmacher keine zu kleinen molaren Massen haben?

Übung 8:
Plexiglas hat folgende Primärstruktur:

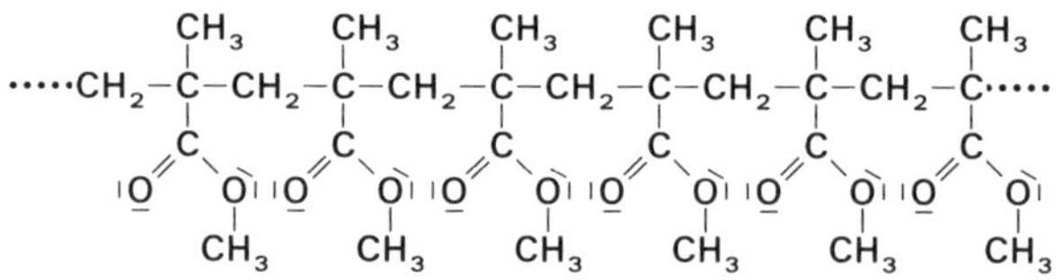

Welche Sekundär- und Tertiärstruktur würden Sie erwarten?

2.4.5 Duromere

Duromere sind, wie der Name andeutet, hart und widerstehen mechanischen Belastungen gut. Nach der Herstellung behalten sie ihre Form bei. Sie zeigen keinen flüssigen Übergangszustand, sondern zersetzen sich sofort beim Erhitzen.

Verhalten von Duromeren bei verschiedenen Temperaturen

Gebrauchsbereich	
stark vernetzter Zustand, hart	Zersetzung

steigende Temperatur →

Die Makromoleküle sind sehr stark vernetzt. Der gesamte Kunststoff besteht praktisch aus einem einzigen Molekül. Die Vernetzung wird durch Monomere mit mehreren funktionellen Gruppen ermöglicht.

Übung 9:
Begründen Sie, warum es bei stark vernetzten Kunststoffen keinen flüssigen Zustand geben kann!

2.4.6 Lösungen

Lösung 1:

Monomer	EN	Ladungsverteilung
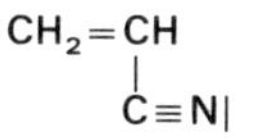	H 2,1 C 2,5 N 3,0	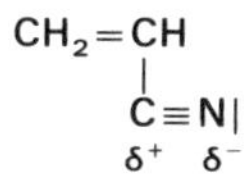

Lösung 2:

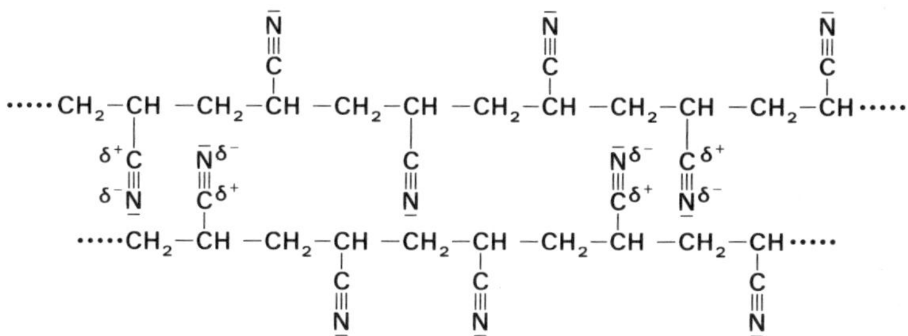

Durch die Verstreckung werden die Abstände zwischen den linearen Fadenmolekülen geringer und dadurch die zwischenmolekularen Kräfte, vor allem Dipolanziehungskräfte, größer. Die Reißfestigkeit nimmt zu.

Lösung 3:

Anionischer Mechanismus

Startreaktion:

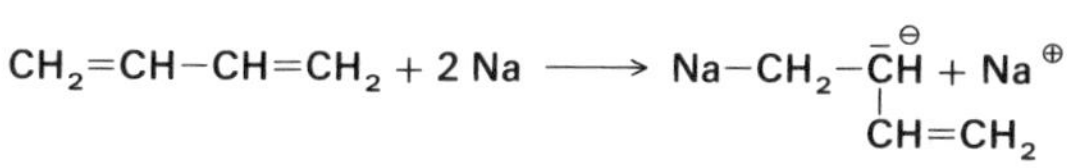

Kettenwachstum:

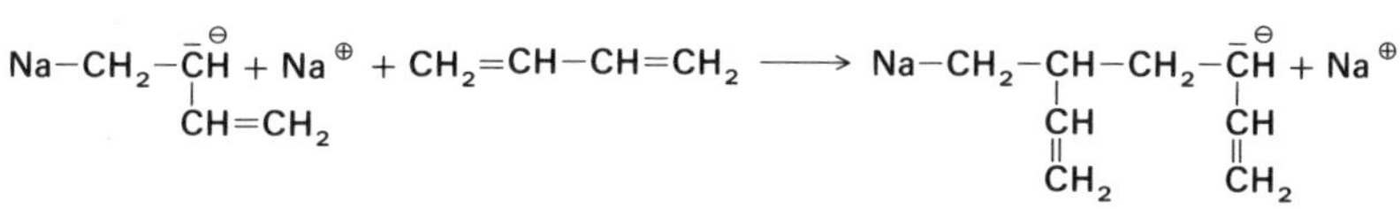

Kettenabbruch:
Verunreinigungen können zur Inaktivierung des reaktiven Kettenendes führen.
Die Doppelbindungen der Seitenketten eines Makromoleküls können mit Nachbarmolekülen verbunden werden (Vernetzung).
Die 1,4-Verknüpfung führt zu Makromolekülen ohne Seitenketten:

$$Na-CH_2-CH=CH-\overset{\ominus}{\underline{C}}H_2 + Na^{\oplus} + CH_2=CH-CH=CH_2 \longrightarrow$$
$$Na-CH_2-CH=CH-CH_2-CH_2-CH=CH-\overset{\ominus}{\bar{C}}H_2 + Na^{\oplus}$$

Auch bei diesem Polymer ist eine Vernetzung möglich.

Lösung 4:

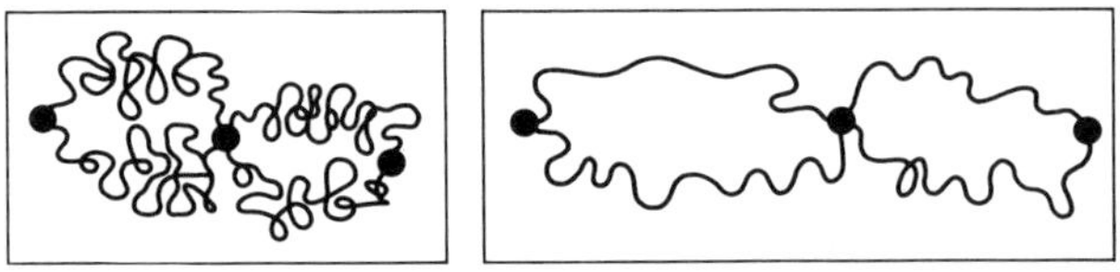

Normalzustand Zustand bei Zugbelastung

Der Zustand bei Zugbelastung ist bezüglich der Entropie und der Enthalpie gegenüber dem Normalzustand ungünstiger.

Lösung 5:

Durch Übertragungsreaktionen bei der Polymerisation kann es zu Vernetzungen kommen. Vergleichen Sie Ihre Lösung mit der Beschreibung auf Seite 13!

Lösung 6:

Styrol läßt sich durch Polymerisation in Polystyrol umwandeln. Vergleichen Sie Ihre Lösungen mit den Mechanismen auf den Seiten 11 bis 16!

Lösung 7:

Vinylchlorid

$$CH_2=\underset{\underset{\displaystyle Cl^{\delta^-}}{|}}{\overset{\delta^+}{C}}H$$

Das Cl-Atom ist sehr elektronegativ (EN 3,0), so daß im Molekül negative und positive Teilladungen auftreten. Die positive Teilladung wird bevorzugt am benachbarten C-Atom sitzen. So können im wesentlichen Dipolanziehungskräfte zwischen Nachbarmolekülen wirken.
Die Weichmacher werden in die Lücken der Spaghettistruktur eingelagert. Sie verhindern, daß sich die Polymerketten sehr nahe kommen. Die zwischenmolekularen Kräfte sind schwach.
Die Weichmacher dürfen bei der thermoplastischen Verarbeitung und beim Gebrauch nicht aus dem Kunststoff entweichen. Ihr Siedepunkt muß auf

jeden Fall höher liegen als die Verarbeitungstemperatur. Außerdem sollte ihr Dampfdruck niedrig sein.

Lösung 8:

Die Monomere können durch eine Polymerisation zu linearen Ketten verknüpft werden. Die Seitengruppen sind wenig polar, so daß nur schwache zwischenmolekulare Kräfte auftreten können. Die Seitengruppen können allerdings leicht verhaken. Folglich können die Makromoleküle nicht so leicht aneinander vorbeigleiten. Der Gebrauchsbereich der Gläser liegt unterhalb der Glastemperatur. Die Tertiärstruktur könnte eine Spaghettistruktur sein. Beim Erwärmen tritt oberhalb der Glastemperatur Erweichung auf. In diesem Zustand kann der Kunststoff plastisch verformt werden. Diese Form bleibt dann beim Abkühlen und bei der Umwandlung in den glasartigen Zustand erhalten.

Lösung 9:

Duromere bestehen praktisch aus einem Makromolekül. Durch die Vernetzung können sich die Moleküle nicht gegeneinander bewegen. Beim Erhitzen werden deshalb nur kovalente Bindungen gespalten; dies kommt einer Zersetzung gleich.

2.5 Klausurarbeit

2.5.1 Vorbemerkungen

Zur Bearbeitung der Aufgaben sollten Sie etwa eine Stunde Zeit vorsehen. Hilfsmittel (z. B. Übersichten oder Tabellen) sind zur Lösung nicht zugelassen. Schreiben Sie Ihre Antworten detailliert auf, und vergleichen Sie mit den Kurzlösungen! Eine Fehleranalyse wird Ihnen zeigen, wo die Schwächen in Ihrer Vorbereitung lagen. Bevor Sie beginnen, versuchen Sie zu ergründen, welches Aufgabenschema vorliegt!

2.5.2 Aufgaben

1.0. Versuchsanleitung: Eine abgewogene Menge Monomethacrylsäuremethylester wird in einem Reagenzglas mit einer Spatelspitze Dibenzoylperoxid verrührt. Das Reagenzglas wird in ein Wasserbad von 60 °C gestellt. Nach einiger Zeit bildet sich eine viskose Substanz, die später fest wird.

Methacrylsäuremethylester 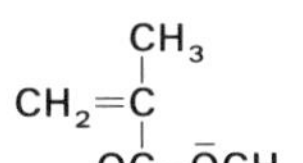

1.1. Erklären Sie mit Hilfe einer Reaktionsgleichung die Aufgabe von Dibenzoylperoxid im Versuch!

1.2. Formulieren Sie die Reaktionsschritte zur Bildung eines Polymers!

1.3. Geben Sie eine Abbruchreaktion an, die zu Doppelbindungen am Kettenende führt!

2.0. Der hergestellte Polymethacrylsäuremethylester wird vorsichtig erhitzt. Man beobachtet eine Erweichung des Kunststoffs bis zu einer zähen viskosen Substanz. Nach dem Abkühlen bildet sich wieder ein festes, glasartiges Produkt.

2.1. Welchem Anwendungsbereich würden Sie das Polymer zuordnen? Begründen Sie ihre Entscheidung!

2.2. Welche Sekundär- bzw. Tertiärstruktur würden Sie bei dem Kunststoff annehmen?

2.3. Welche Strukturänderungen könnten sich beim Erhitzen vollziehen?

2.4. Bei starkem Erhitzen entsteht aus dem Polymer ein Gas. Dieses läßt sich zu einer klaren Flüssigkeit kondensieren. Die Flüssigkeit entfärbt sehr schnell Bromwasser. Welche Formel würden Sie für die Flüssigkeit vorschlagen? Wie könnte sich die Flüssigkeit gebildet haben?

3.0. Die folgenden Formeln geben Ausschnitte von Polymeren wieder:

A $\cdots\cdots CH_2-CH_2-CH_2-CH_2-CH_2-CH_2\cdots\cdots$

B $\cdots\cdots CHF-CHF-CHF-CHF-CHF-CHF\cdots\cdots$

C $\cdots\cdots NH-(CH_2)_5-CO-\underline{N}H-(CH_2)_5-CO-\underline{N}H-(CH_2)_5-CO\cdots\cdots$

D
$$\begin{array}{l}\cdots\cdots CH_2-\underset{\displaystyle COOH}{\underset{|}{C}H}-CH_2-\underset{\displaystyle COOH}{\underset{|}{C}H}-CH_2-\underset{\displaystyle COOH}{\underset{|}{C}H}-CH_2-\underset{\displaystyle COOH}{\underset{|}{C}H}\cdots\cdots\end{array}$$

3.1. Geben Sie die regelmäßig wiederkehrenden Struktureinheiten in den Polymeren A bis D an! Schreiben Sie die Monomere zur Herstellung der Polymere A bis D auf!

3.2. Welche zwischenmolekularen Kräfte könnten zwischen den Primärstrukturen der Polymere wirksam werden?

3.3. Welche Veränderungen erfahren die Polymere bei der Einwirkung von Säuren oder Basen?

2.5.3 Lösungen

1.1.
Dibenzoylperoxid ist ein Initiator und gehört zu den Peroxiden. Diese zerfallen bei Temperaturerhöhung in zwei Radikale (siehe Seite 11). Die gebildeten Radikale sind in der Lage, eine radikalische Polymerisation einzuleiten.

1.2.
Nach dem Kettenstart durch die Radikale erfolgt das Kettenwachstum in einer Kettenreaktion. Es entsteht eine Polymerkette:

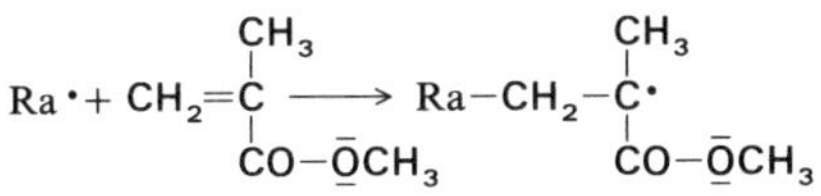

usw.

1.3.
Als Kettenabbruchreaktion, die zu einer Doppelbindung an einem Kettenende führt, kommt die Umlagerung in Betracht. Es entsteht dabei ein Alken und ein Alkan:

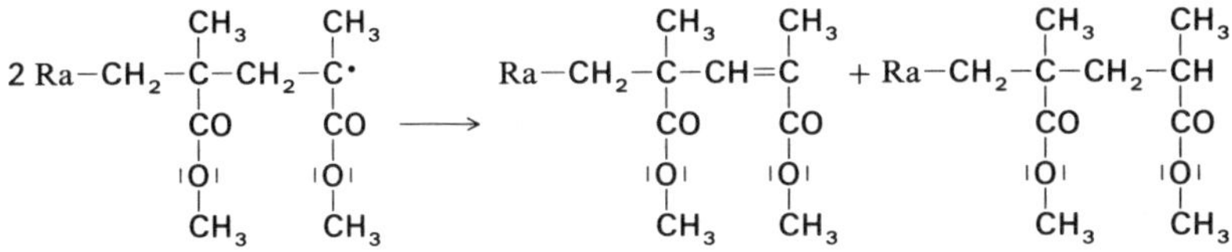

2.1.
Der gebildete Kunststoff gehört nach der Beschreibung in 2.0. zu den Thermomeren. Thermomere bieten einen guten Übergang vom glasartig harten Zustand im Gebrauchsbereich in den thermoplastischen Zustand im Verarbeitungsbereich. Thermoplastisch bedeutet, daß der Kunststoff bei Krafteinwirkung verformt werden kann, ohne wieder in die Ausgangsform zurückzukehren. Beim anschließenden Abkühlen unter die Glastemperatur wird der Kunststoff in der neuen Form „eingefroren“.

2.2.
Die Polymerkette liegt als lineares bzw. wenig verzweigtes Makromolekül vor (siehe mittlere Abbildung auf Seite 26). Die Verzweigungen können durch Übertragungsreaktionen entstehen.
Beim Abkühlen unter die Glastemperatur werden die Temperaturbewegungen stark eingeschränkt. Die Makromoleküle werden eingefroren. Die Struktur entspricht einem Haufen Spaghetti (siehe rechte Abbildung auf Seite 29).

2.3.
Die zwischenmolekularen Kräfte sind wegen der schwach polaren Seitengruppen nicht sehr ausgeprägt, so daß die Makromoleküle beim Erwärmen aneinander vorbeigleiten können. Die Veränderung der Lage der Makromoleküle zueinander ist so groß, daß der Ausgangszustand nicht wieder eingenommen werden kann. Die neue Form bleibt erhalten (plastische Verformung).

2.4.
Bei starkem Erhitzen tritt Zersetzung ein, da kovalente Bindungen gespalten werden, bevor das Makromolekül in die Gasphase übergeht. Durch die Spaltung entsteht ein niedermolekularer Stoff, der eine Doppelbindung enthält. Die Entfärbung von Bromwasser ist ein Nachweis für Doppelbindungen. Die farblose Verbindung könnte wieder das Monomer sein.

3.1.	Struktureinheit	Monomer
A	$\cdots\cdots CH_2 \cdots\cdots$	$CH_2{=}CH_2$
B	$\cdots\cdots CHF \cdots\cdots$	$CHF{=}CHF$
C	$\cdots\cdots \underline{N}H-(CH_2)_5-CO \cdots\cdots$	$H_2\bar{N}-(CH_2)_5-COOH$
D	$\cdots\cdots CH_2-CH \cdots\cdots$	$CH_2{=}CH$
	$\quad\quad\quad\quad\vert$	$\quad\quad\quad\vert$
	$\quad\quad\quad COOH$	$\quad\quad COOH$

3.2.
Zwischenmolekulare Kräfte

Bei A: Die Polymerkette ist unpolar. Es können nur schwache Van-der-Waals-Kräfte wirksam werden, wenn die Kette optimal geordnet ist.

Bei B: Das Fluoratom ist äußerst elektronegativ. Es kommt zur Bildung von starken Teilladungen innerhalb der Kette. Dipolanziehungskräfte sind die Folge. Die Kräfte können jedoch nur dann optimal wirksam werden, wenn eine hohe Taktizität erreicht wird.

Bei C: Das Sauerstoffatom der CO-Gruppe ist elektronegativ. Das H-Atom der NH-Gruppe ist leicht positiviert. Es können Wasserstoffbrücken zwischen beiden Gruppen entstehen.

Bei D: Die Carboxylgruppe ist eine polare Gruppe, so daß wieder Dipolanziehungskräfte wirken können.

3.3.
Säure- und Baseneinwirkung

Bei A: Weder eine Säure noch eine Base kann die $C-C$-Kette angreifen.

Bei B: Es gilt das gleiche wie bei A.

Bei C: Die Verknüpfungsstelle zum Polymer entspricht einem Amid. Säuren können Amide in Umkehrung der Bildungsreaktion spalten, allerdings nur bis zu einem Gleichgewichtszustand. Durch Entfernen der Spaltprodukte aus dem Gleichgewicht kann dieses verschoben werden. Laugen spalten Amide vollständig.

Bei D: Säuren haben keinen Einfluß auf das Polymer. Laugen reagieren mit dem Proton der Carboxylgruppe zu Wasser. Es bleibt ein negativ geladener Säurerest zurück. Die Ladungen stoßen sich ab und verursachen eine gestreckte Form des Makromoleküls.

3. Kapitel: Farbstoffe

3.1 Vorbemerkungen

Das Thema „Farbstoffe“ wird nach sehr verschiedenartigen didaktischen und methodischen Ansätzen gelehrt. Sie haben vielleicht die Entwicklungsgeschichte, die Strukturprinzipien, die Färbemethoden mit Farbstoffen oder völlig andere Schwerpunkte dieses Themas in Ihrem Unterricht kennengelernt. Dieser Band versucht, der Vielfalt dadurch gerecht zu werden, daß möglichst viele Gesichtspunkte zur Betrachtung der Farbstoffe angesprochen werden. Sie müssen deshalb nicht alle Kapitel systematisch durcharbeiten. Ein Durchlesen der in Ihrem Unterricht nicht angesprochenen Themen kann jedoch nicht schaden. Vielleicht sind Sie dadurch besser für Transferaufgaben vorbereitet.
Arbeiten Sie die Ihnen vom Unterricht her bekannten Gebiete sorgfältig durch, und lösen Sie die Übungsaufgaben! Befragen Sie jedoch zuvor Ihren Lehrer, welche Formeln und Synthesen Sie kennen müssen und mit welchem Modell Sie eventuell Farbigkeit und Farbänderungen erklären sollen!

3.2 Grundlagen der Farbentstehung

Farbe und Licht sind unabdingbar miteinander verbunden. Deshalb bleibt Ihnen ein kleiner Ausflug in die Physik nicht erspart. Um das Phänomen „Farbe“ zu beschreiben, geht der Chemiker von der Wellennatur des Lichts aus. Die folgenden physikalischen Größen, Größenzeichen und Einheiten sowie die Größengleichungen sollten Sie kennen:

physikalische Größe	Größenzeichen	Einheit
Wellenlänge	λ	m; nm
Frequenz	f	$\frac{1}{s}$
Wellenzahl	$\bar{f}$	$\frac{1}{cm}$
Energie	E	J; kJ
Lichtgeschwindigkeit	c	$\frac{m}{s}$
Plancksche Konstante	h	$J \cdot s$

$$\lambda = \frac{c}{f}\,[\text{nm}]; \quad \bar{f} = \frac{10^7}{\lambda}\left[\frac{1}{\text{cm}}\right]; \quad E = h \cdot f \Rightarrow E = \frac{h \cdot c}{\lambda}.$$

Übung 1:
Ordnen Sie die folgenden elektromagnetischen Wellen nach ihrer Wellenlänge! Welche Aussagen können Sie über den Energieinhalt, die Frequenz und die Wellenzahl machen?
Ultraviolette Strahlung (UV), Radiowellen, γ-Strahlung, sichtbares Licht (VIS), Mikrowellen, Röntgenstrahlung, Infrarotstrahlung (IR).

Wenn Atome und Moleküle durch Energiezufuhr angeregt werden, kann es zur **Emission** von farbigem Licht kommen.
Farbigkeit kann auch durch **Absorption** entstehen, wenn Atome oder Moleküle bei Bestrahlung mit weißem Licht (die Gesamtheit aller Wellenlängen zwischen 400–800 nm) einen Teil der Energie absorbieren.

Tabelle: Komplementärfarben

absorbiertes Licht		sichtbare Farbe
Wellenlänge λ [nm = 10^{-9} m]	Farbe	
400–440 nm	violett	gelbgrün
440–480 nm	blau	gelb
480–490 nm	grünblau	orange
490–500 nm	blaugrün	rot
500–560 nm	grün	purpur
560–580 nm	gelbgrün	violett
580–595 nm	gelb	blau
595–605 nm	orange	grünblau
605–750 nm	rot	blaugrün

Die Elektronen von Atomen und Molekülen nehmen einen Teil der Energie des Lichts auf und gehen in den angeregten Zustand über. Atome nehmen dabei bestimmte (sogenannte „diskrete“) Energiebeträge auf und besitzen daher **Linienspektren**. Moleküle absorbieren dagegen in einem Energiebereich. Dies führt zu **Bandenspektren**.
Die Elektronen verbleiben nur kurz im angeregten Zustand. Ihre **Desaktivierung** erfolgt auf unterschiedliche Weise:

- Die Energie wird in Schwingungsenergie von Molekülen bzw. von Molekülteilen umgewandelt und somit als Wärme an die Umgebung abgegeben.
- Die Energie wird nur zum Teil in Wärme umgewandelt. Der Rest wird als Licht wieder abgestrahlt. Je nach Dauer des angeregten Zustands nennt man dies **Fluoreszenz** oder **Phosphoreszenz**.
- Die Energie kann chemische Reaktionen auslösen (**photochemische Reaktionen**).
- Die Energie kann auf andere Moleküle übertragen werden (z. B. bei Sensibilisierungsfarbstoffen).

Das Verständnis von Licht und Farbe verlangt auch einige Grundkenntnisse über das Empfangsorgan für Licht: das Auge. Es reagiert auf elektro-

magnetische Wellen zwischen 400 und 800 nm. Die Stäbchen ermöglichen das Hell-Dunkel-Sehen, die Zapfen das Farbensehen. Man nimmt an, daß es drei verschiedene Zapfentypen gibt, die ihre Empfindlichkeitsmaxima im Bereich der Schwingungen von Rot, Grün und Blau haben. Wellenlänge und Intensität des Lichts bestimmen den Farbeindruck. Das Auge kann nicht unterscheiden, ob ein Gelblicht **monochromatisch** (z. B. durch die Emission einer Natriumdampflampe) oder **polychromatisch** (z. B. durch Addition von Rot- und Grünlicht) ist.
Um Farbigkeit zu erklären, sollten Sie auch die Farbmischungen kennen.

Additive Farbmischung

Bei der additiven Farbmischung gibt es die Grundfarben Rot, Grün und Blau. Projiziert man drei monochromatische Lichtstrahlen dieser Farben auf eine weiße Fläche, so erhält man die unten dargestellten Farbeindrücke, wenn die Lichtintensitäten gleich sind. Durch Variation der Lichtintensitäten erhält man Zwischenfarbtöne.

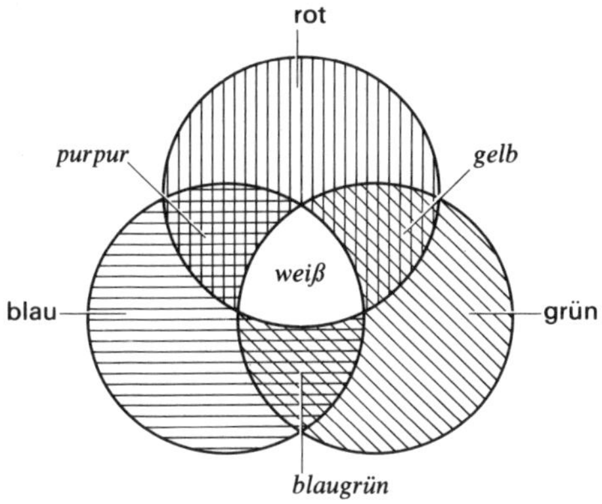

Subtraktive Farbmischung

Die verschiedenen Farbtöne entstehen durch Absorption bestimmter Wellenlängen des weißen Lichts. Die Grundfarben der subtraktiven Farbmischung

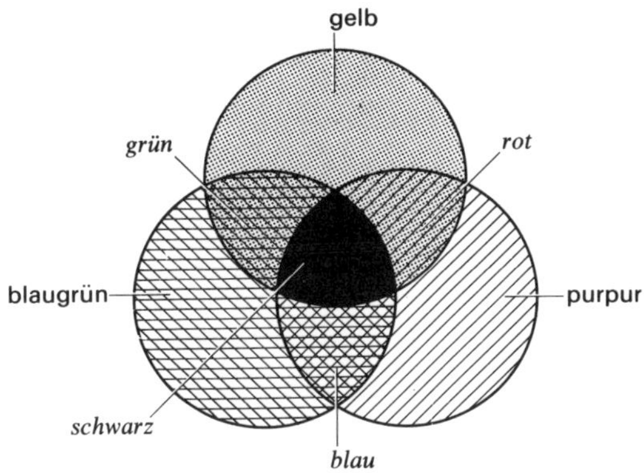

sind Gelb, Purpur und Blaugrün, die durch die Absorption der jeweiligen **Komplementärfarbe** (siehe Seite 44) entstehen.

Übung 2:
Begründen Sie die stärkere Erwärmung eines roten Pullovers gegenüber einem blaugrünen Pullover bei der Bestrahlung mit Sonnenlicht! Berechnen Sie die Energieunterschiede ($h = 6{,}625 \cdot 10^{-34}$ J · s, $c = 3 \cdot 10^8$ m/s)!

Tip: Benutzen Sie die mittleren Wellenlängen aus der Tabelle auf Seite 44 in m!
Nach dem Orbitalmodell bestimmt der Abstand zwischen dem höchsten besetzten (HOMO = „highest occupied molecular orbital") und dem niedrigsten unbesetzten (LUMO = „lowest unoccupied molecular orbital") Molekülorbital die Absorption mit der geringsten Energie. Dafür kommen bei organischen Farbstoffmolekülen im wesentlichen $\pi \rightarrow \pi^*$- und $n \rightarrow \pi^*$-Übergänge in Frage. Da die vielen Farbstoffmoleküle in unterschiedlichen Schwingungszuständen sind, ist der HOMO-LUMO-Abstand nicht gleich. Die Absorption schwankt um einen bestimmten Mittelwert (λ_{max}). Dadurch entsteht eine Absorptionsbande.

Lösungen

Lösung 1:
γ-, Röntgen-, UV-, VIS-, IR-, Mikro-, Radio-Strahlung bzw. -Wellen.
—— Energieinhalt nimmt ab ⟶
—— Frequenz nimmt ab ⟶
—— Wellenzahl nimmt ab ⟶

Lösung 2:
Der rote Pullover absorbiert Blaugrün (490–500 nm), der blaugrüne Rot (605–750 nm). Da die Energie des Lichts mit zunehmender Wellenlänge abnimmt und die absorbierte Energie in Wärme umgewandelt wird, wird der rote Pullover stärker erwärmt.

Berechnung:

Roter Pullover:

$$E_1 = \frac{h \cdot c}{\lambda} = \frac{6{,}625 \cdot 10^{-34}\,\mathrm{J \cdot s} \cdot 3 \cdot 10^8\,\frac{\mathrm{m}}{\mathrm{s}}}{495 \cdot 10^{-9}\,\mathrm{m}} = 4{,}02 \cdot 10^{-19}\,\mathrm{J}$$

Für 1 Mol ⇒ $4{,}02 \cdot 10^{-19}\,\mathrm{J} \cdot 6{,}022 \cdot 10^{23} = 2{,}42 \cdot 10^5\,\mathrm{J} = 242\,\mathrm{kJ}$

Blaugrüner Pullover:

$$E_2 = \frac{h \cdot c}{\lambda} = \frac{6{,}625 \cdot 10^{-34}\,\mathrm{J \cdot s} \cdot 3 \cdot 10^8\,\frac{\mathrm{m}}{\mathrm{s}}}{685 \cdot 10^{-9}\,\mathrm{m}} = 2{,}9 \cdot 10^{-19}\,\mathrm{J}$$

Für 1 Mol ⇒ $2{,}9 \cdot 10^{-19}\,\mathrm{J} \cdot 6{,}022 \cdot 10^{23} = 1{,}75 \cdot 10^5\,\mathrm{J} = 175\,\mathrm{kJ}$

3.3 Modelle zur Erklärung und Abschätzung der Farbigkeit

Neben der allgemeinen Erklärung der Farbigkeit, wie sie in Kapitel 3.2 mit Hilfe des MO-Modells erfolgte, wird im Chemieunterricht immer wieder versucht, Zusammenhänge zwischen der Struktur des Farbstoffmoleküls und der Farbe herzustellen. Mit Hilfe von Regeln sollen Vorhersagen über die Farbigkeit von Molekülen oder über Farbänderungen durch Einführung neuer Gruppen ermöglicht werden. Im folgenden sollen einige dieser „Erklärungsmodelle" vorgestellt werden. Beachten Sie, daß sich diese Modelle meist nur auf eine beschränkte Zahl von Verbindungen anwenden lassen! Häufig werden auch verschiedene Modellvorstellungen miteinander vermischt. Verwenden Sie das von Ihrem Lehrer gewählte Modell!

3.3.1 Das Chromophormodell

Das Modell geht auf O. N. Witt (1876) zurück. Basierend auf den damals bekannten Farbstoffen, wird die Farbigkeit auf die gleichzeitige Anwesenheit eines Grundkörpers und verschiedener Substituenten zurückgeführt.

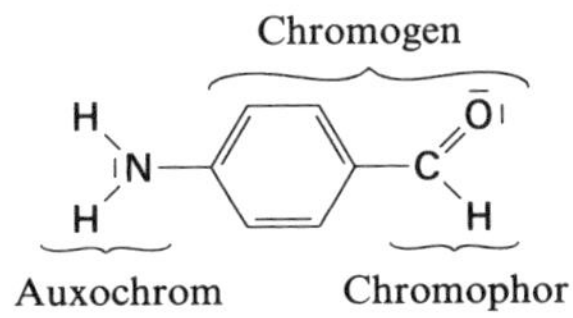

Die Veränderung oder Substitution der Gruppen kann zu einem **bathochromen** oder **hypsochromen Effekt** führen, d. h. zu einer Verschiebung der Lichtabsorption zu längeren oder kürzeren Wellenlängen.

Der Zusammenhang zwischen länger- bzw. kürzerwelliger Absorption kann jedoch nicht durch die Strukturunterschiede erklärt werden.

3.3.2 Das Mesomeriemodell

Die Abschätzung der Farbigkeit organischer Moleküle ist äußerst schwierig und gelingt zufriedenstellend meist nur bei den Polyenen und ihren Derivaten. Das Mesomeriemodell geht von der Annahme aus, daß nicht einzelne Atome oder Atomgruppen, sondern das gesamte Elektronensystem des Moleküls für die Farbigkeit verantwortlich ist. Dazu einige Regeln:

Regel 1: Polyene mit konjugierten Doppelbindungen der Bauart

$$H_3C-[CH=CH]_n-CH_3$$

haben mit steigender Anzahl n ihre energieärmste Absorptionsbande in immer längerwelligen Bereichen (bathochrome Verschiebung). Polyene mit $n > 8$ erscheinen farbig (z. B. β-Carotin).

Erklärung mit Hilfe des Mesomeriemodells:

Je größer diese π-Elektronen-Systeme sind, desto besser ist die Delokalisierung der π-Elektronen. Dies zeigt sich in einem weitgehenden Ausgleich der Bindungslängen zwischen Einfach- und Doppelbindungen. Die Darstellung der Elektronenverteilung ist mit mesomeren Grenzformeln möglich.

Regel 2: Ersetzt man bei den Polyenen die endständigen Methylgruppen durch funktionelle Gruppen mit unterschiedlichen mesomeren oder induktiven Effekten, so ergibt sich gegenüber dem nicht substituierten Polyen ein bathochromer Effekt.

Übung 1:
Geben Sie je eine mesomere Grenzformel der Verbindungen A und B an!

A $H_3C-CH=CH-CH=CH-CH_3$

B 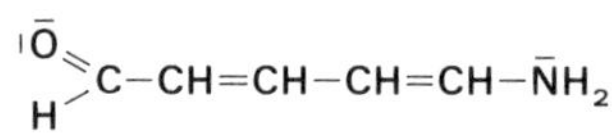

Erklären Sie, warum die Verbindung B eine bathochrome Verschiebung gegenüber A zeigt!

Regel 3: Nach dem Mesomeriemodell ist der bathochrome Effekt um so stärker, je ähnlicher die mesomeren Grenzformeln einer Verbindung sind.

Übung 2:
Erklären Sie, warum Polyenale durch die Zugabe von Säure eine Verschiebung der Absorptionsbande in den längerwelligen Bereich zeigen (mit Reaktionsgleichung und Grenzformeln des Eduktes und des Produktes)!

Diese Prinzipien werden häufig auf Verbindungen mit aromatischen Systemen angewandt. Man kann damit z. B. die bathochrome Verschiebung bei der Reaktion von *p*-Nitrophenol mit Natronlauge erklären, die gleiche Erscheinung beim *m*-Nitrophenol jedoch nicht. Das Modell hat seine Grenzen!

Falls Sie solche Aufgaben mit aromatischen Farbstoffen bekommen, lösen Sie sie mit den Ihnen bekannten Regeln. Ihr Lehrer wird Beispiele auswählen, bei denen mit den Regeln sinnvolle Erklärungen möglich sind. Das Mesomeriemodell wird auch auf andere Farbstoffklassen, wie z. B. die Azofarbstoffe (siehe Kapitel 3.4.1.2) und die Triphenylmethanfarbstoffe (siehe Kapitel 3.4.1.1), angewendet.

Hinweis: Falls Sie im Unterricht mit einem anderen Modell (Elektronengas-, Polymethin- oder MO-Modell) gearbeitet haben, sollten Sie dieses Modell wiederholen. Stellen Sie auch eigene Übungen zusammen!

3.3.3 Lösungen

Lösung 1:

a) A 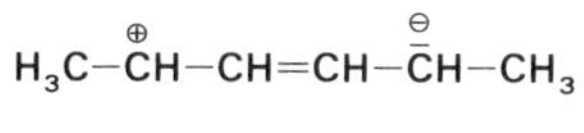 B 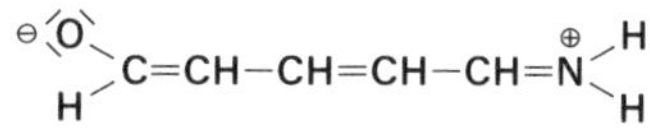

b) Durch die Einbeziehung der freien Elektronenpaare verlängert sich das mesomere System.

Lösung 2:

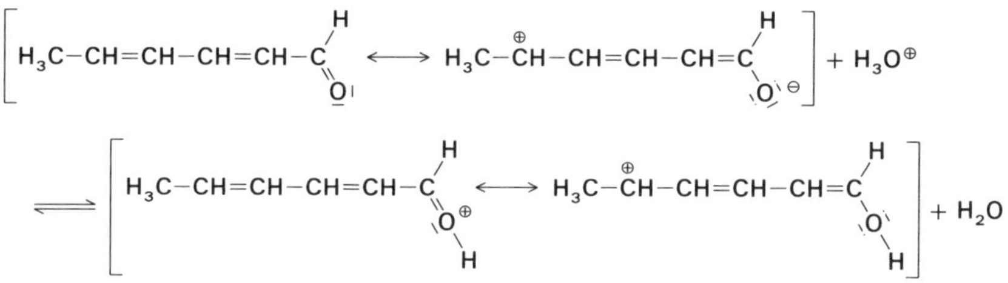

Die Länge des mesomeren Systems ist bei beiden Verbindungen gleich. Beim Edukt sind die beiden mesomeren Grenzformeln durch Ladungstrennung sehr verschieden, beim Produkt besteht ein geringerer Unterschied zwischen den Grenzformeln, da nur die positive Ladung verlagert wird (Ladungsverschiebung). Nach Regel 3 absorbiert deshalb das Produkt im längerwelligen Bereich.

3.4 Farbstoffklassen

Zur Klassifizierung von Farbstoffen – wir beschränken uns, wie die meisten Lehrpläne, auf Textilfarbstoffe und Indikatorfarbstoffe – können sehr unterschiedliche Kriterien herangezogen werden.
Überprüfen Sie, nach welchen Gesichtspunkten Ihr Lehrer die Farbstoffe gegliedert hat; z. B. nach dem Molekülbau, den Färbemethoden oder der Geometrie der Moleküle.

Hinweis: Eine gute Übersicht befindet sich in dem Heft 4/38 „Farbstoffe" der Zeitschrift „Praxis der Naturwissenschaften" (Aulis-Verlag).

Alle Klassifizierungsarten haben ihre Vor- und Nachteile. Sie erleichtern jedoch meist das Lernen. Die Einteilung nach dem Bauprinzip ist äußerst problematisch, weil bei komplizierten Molekülen häufig willkürlich festgelegt wird, welche Gruppe strukturbestimmend und damit für den Namen verantwortlich ist. Die in den Lehrplänen häufig erwähnten Farbstoffklassen sollen nachfolgend angesprochen werden. Beachten Sie beim Wiederholen die

Schwerpunkte Ihres Unterrichts! Denken Sie aber gleichzeitig daran, daß absichtlich nicht besprochene Verbindungen oder Verbindungsklassen sich für Transferaufgaben anbieten! In den folgenden Kapiteln wird auch versucht, die verschiedenen Typen von Fragen in den Übungen bzw. Aufgaben anzusprechen.

3.4.1 Klassifikation nach dem Bauprinzip

In den folgenden Abschnitten werden

- das wichtigste namengebende Strukturprinzip (Bauprinzip),
- Synthesemöglichkeiten und
- Farbigkeit bzw. Farbveränderungen (z. B. bei pH-Wechsel)

einiger in der Schulchemie bedeutsamer Farbstoffklassen wiederholt.

Triphenylmethanfarbstoffe (Triphenylmethyliumkation)

Strukturprinzip

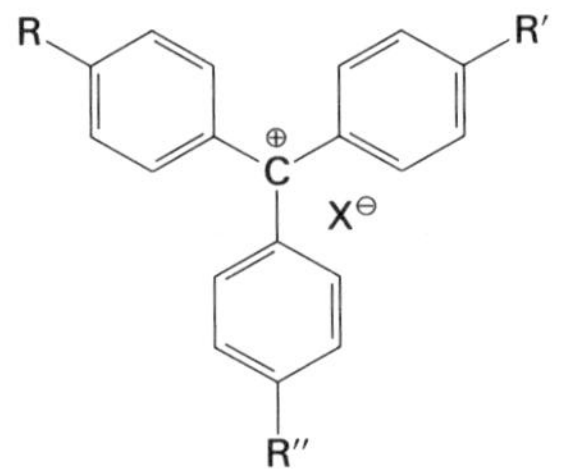

R, R', R'' = H, CH_3 oder eine Donator- bzw. Akzeptorgruppe
$X^{\ominus}$ = Anion

Durch Delokalisation der π-Elektronen kann die positive Ladung auf andere Molekülteile verteilt werden (Mesomerie). Diese Verteilung hängt von den Gruppen R ab, z. B. Malachitgrün:

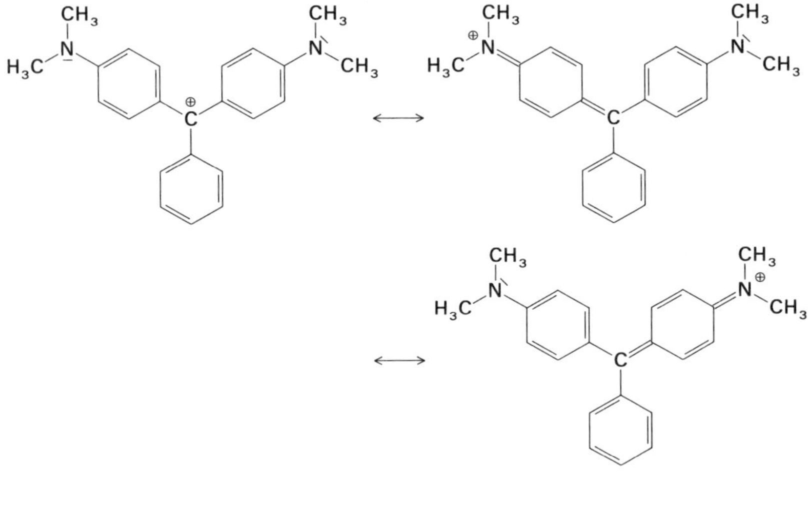

Übung 1:
Zeichnen Sie eine mesomere Grenzformel für die Verbindung Benzaurin unter Berücksichtigung und Benennung der *M*-Effekte der Endgruppen!

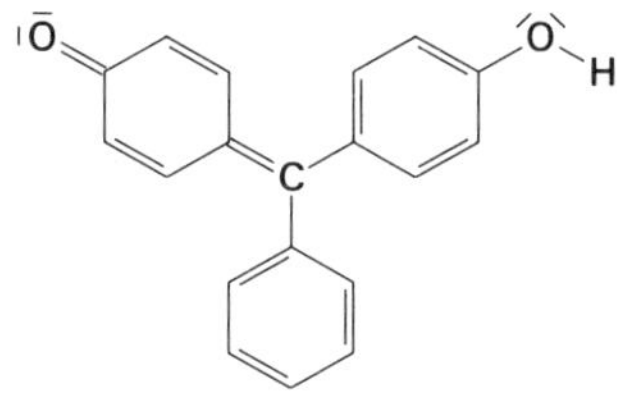

Übung 2:
Versuchen Sie, bei Malachitgrün und Benzaurin die Strukturverwandtschaft mit den linearen Chromophoren aufzuzeigen!

Synthese

Triphenylmethanfarbstoffe werden häufig durch Kondensation dargestellt; z. B. Herstellung der Leukobase von Malachitgrün:

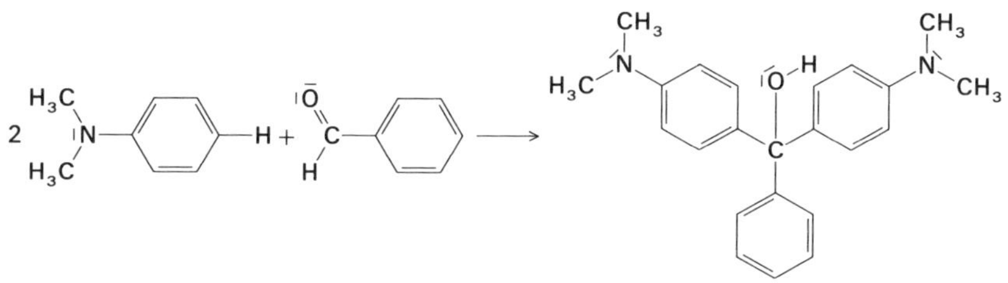

Übung 3:
Geben Sie die Reaktionsgleichung für die Bildung von Benzaurin (siehe Übung 1) aus Benzotrichlorid (Phenyltrichlormethan) und Phenol an!

Hinweis: Versuchen Sie nicht, die Synthesereaktionen für alle besprochenen Farbstoffe auswendig zu lernen, sondern merken Sie sich die Grundmuster der Reaktionen!

Farbigkeit

Unter bestimmten Voraussetzungen lassen sich die verzweigten Chromophore in Analogie zu den linearen Chromophoren, z. B. den Cyaninen, mit dem Mesomeriemodell erklären. Damit können bathochrome und hypsochrome Effekte durch Veränderung der Endgruppen in etwa erklärt werden.

Hinweis: Für diese Erklärung ist es wichtig, daß Sie sich im Aufstellen sinnvoller mesomerer Grenzformeln üben und die Stärke der $+M$- und $-M$-Effekte einiger funktioneller Gruppen zur Abschätzung des Absorptionsverhaltens kennen.

> **Übung 4:**
> a) Geben Sie die Reaktionsgleichung für die Reaktion von Benzaurin mit verdünnter Natronlauge an!
> b) Geben Sie von dem entstehenden Anion eine Grenzformel an!
> c) Versuchen Sie, nach dem Mesomeriemodell zu erklären, welche Auswirkungen die Neutralisation auf die Farbigkeit von Benzaurin hat!
> d) Die längere Einwirkung von konzentrierter Natronlauge führt zur Entfärbung. Versuchen Sie, dafür eine Erklärung zu finden! Geben Sie die Reaktionsgleichung an!

Viele Triphenylmethanfarbstoffe zeigen bei verschiedenen pH-Werten eine Veränderung ihrer Absorptionsbande. Deshalb dienen sie auch als Indikatoren (z.B. Phenolphthalein; siehe Kapitel 3.5).

Azofarbstoffe

Strukturprinzip

Die Azofarbstoffe besitzen als Hauptstruktureinheit die sogenannte **Diazogruppierung**, die auch mehrfach im Molekül vorkommen kann:

$$-\bar{N}=\bar{N}-$$

Verbunden ist diese Gruppe meist mit Benzol oder Benzolderivaten, z.B.:

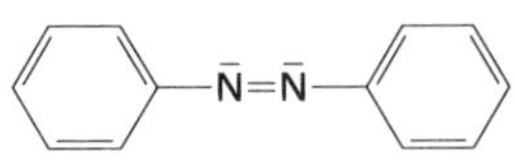

> **Übung 5:**
> Geben Sie zu dem folgenden Azofarbstoff eine Grenzformel an, und vergleichen Sie diese mit der Struktur des Benzaurins!
>
> 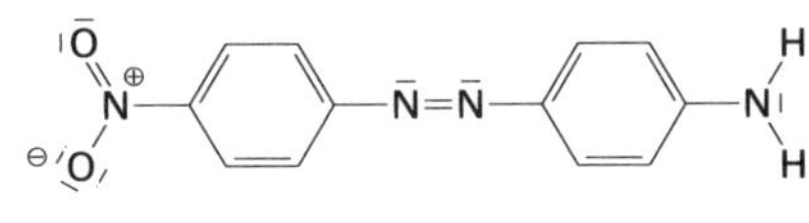
>

Synthese

Das Hauptsyntheseprinzip für viele Azofarbstoffe soll am Beispiel der Herstellung von *p*-Hydroxyazobenzol dargestellt werden. Die Synthese setzt sich zusammen aus der **Diazotierungsreaktion** und der **Kupplungsreaktion**.

Diazotierung:

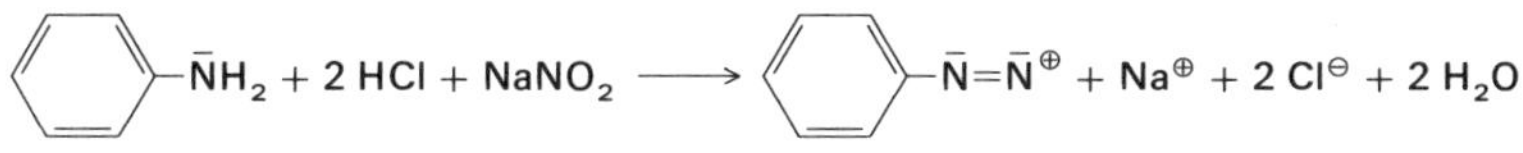

Teilschritte:

1) $NaNO_2 + HCl \longrightarrow NaCl + HNO_2$

2) 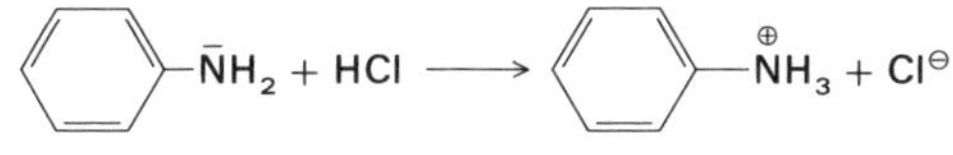

3) 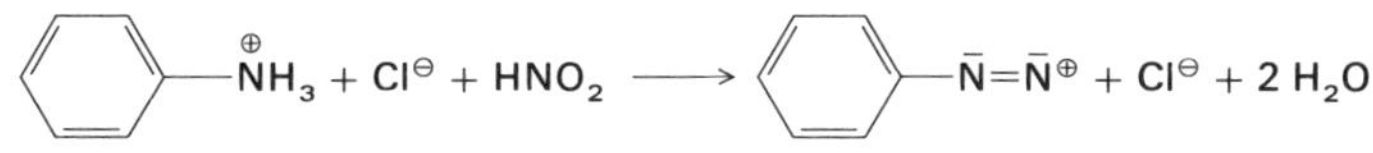

Beachten Sie: Der dritte Schritt wird manchmal in weitere Einzelschritte untergliedert!

Kupplung:

Die Kupplungsreaktion erfolgt nach dem Muster der elektrophilen Substitution mit den folgenden Teilschritten:

Elektrophile Addition:

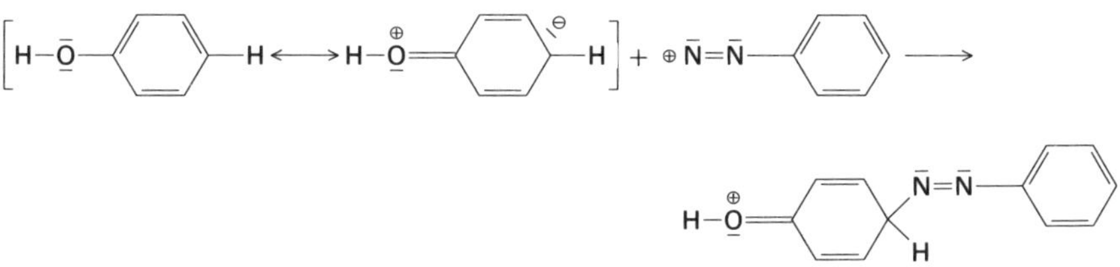

Eliminierung von $H^{\oplus}$ (Rearomatisierung):

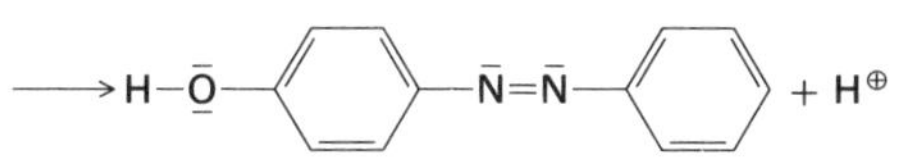

> **Übung 6:**
> In der Praxis versetzt man das Phenol vor der Kupplung mit Natronlauge. Geben Sie die Reaktionsgleichung für diese Reaktion an! Erklären Sie, welchen Vorteil die vorherige Neutralisation des Phenols hat!

Farbigkeit

Auch bei den Azofarbstoffen werden eventuelle Änderungen der Farbe bei verschiedenen pH-Werten nach dem Mesomeriemodell erklärt. Falls Sie solche Beispiele besprochen haben, sollten Sie diese lernen bzw. sich Varianten dazu überlegen. Zu beachten ist auch hier, daß die Metaverbindungen, für die keine sinnvollen mesomeren Grenzformeln möglich sind, ebenfalls farbig sind und z. B. durch Salzbildungen bathochrome Effekte zeigen.

Anthrachinonfarbstoffe

Dieser Farbstoffklasse gehören eine Reihe natürlicher und künstlicher Farbstoffe an. Sie werden auch **Carbonylfarbstoffe** genannt.

Strukturprinzip

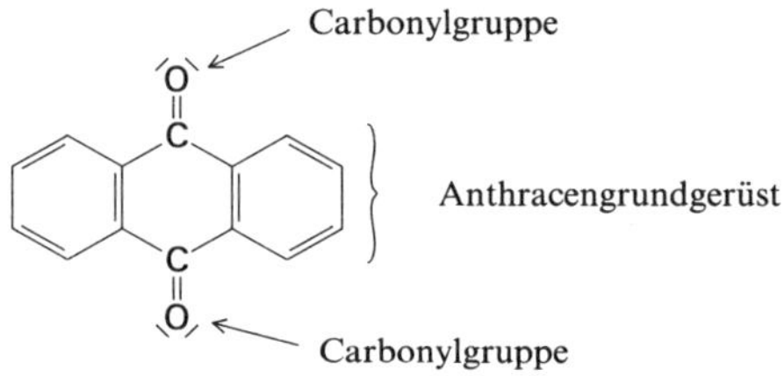

Aus diesem aromatischen Chromophor, der im nahen UV absorbiert (λ_{max} = 327 nm) und damit farblos ist, können durch Einführung zusätzlicher Gruppen mit *I*- und *M*-Effekten Farbstoffe werden.

Synthese

Historisch bedeutsam ist die 1871 gelungene Synthese des Alizarins, die das natürliche, aus der Krappwurzel gewonnene Alizarin verdrängte.

Farbigkeit

Eine Erklärung der Farbigkeit von Anthrachinonfarbstoffen mit verschiedenen Substituenten ist nicht möglich.

Indigoide Farbstoffe

Von den indigoiden Farbstoffen haben nur Indigo und Purpur eine größere Bedeutung.

Strukturprinzip

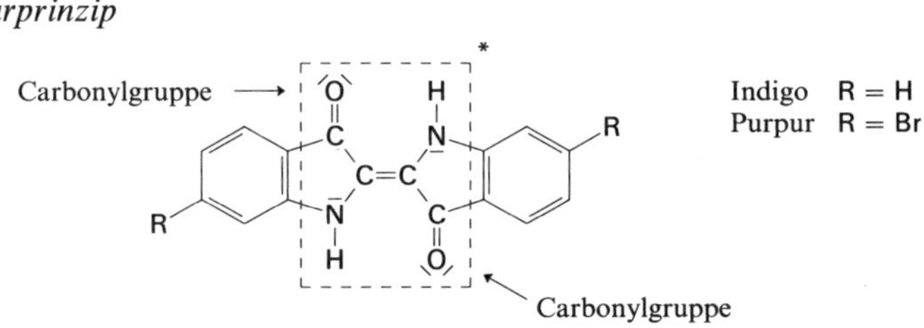

Nach anderen Klassifikationen lassen sich diese Farbstoffe auch den **Carbonylfarbstoffen** zuordnen. Nach der Symmetrie läßt sich der zentrale Körper

des Farbstoffs den **gekreuzten Chromophoren*** zurechnen, weil sich Donator- und Akzeptorgruppen paarweise gegenüberliegen.
Auf weitere Farbstoffklassen soll nicht eingegangen werden.

Hinweis: Eine Übersicht finden Sie in Flörke/Wolff: „Kursthemen Chemie“ (Dümmler-Verlag Bonn) und in Heft 4/38 „Farbstoffe“ der Zeitschrift „Praxis der Naturwissenschaften“ (Aulis-Verlag) vom 1. 6. 1989.

3.4.2 Klassifikation nach Färbemethoden

Die Einteilung von Farbstoffklassen nach den Färbemethoden ist in den meisten Lehrbüchern wenig übersichtlich. Schon aus den Namen der Farbstoffgruppen wird deutlich, daß entweder der Färbevorgang oder ein Teil davon oder Haftprinzipien als Basis für die Einteilung benutzt werden.
Im folgenden sollen die wichtigsten Begriffe mit Kurzdefinitionen ins Gedächtnis zurückgerufen werden.

Übersicht

Direktfarbstoffe:	Sie färben bestimmte Fasern direkt aus wäßrigen Lösungen.
Küpenfarbstoffe:	Sie müssen vor dem Färben in eine lösliche Form übergeführt werden (Verküpen).
Beizenfarbstoffe:	Die Textilien werden vor dem Färben mit einem Metallsalz behandelt (Beizen). Der Farbstoff reagiert mit dem Metallsalz.
Reaktivfarbstoffe:	Der Farbstoff reagiert mit der Faser unter Bildung einer kovalenten Bindung.
Entwicklungsfarbstoffe:	Der Farbstoff wird auf der Faser gebildet.
Dispersionsfarbstoffe:	Der wasserunlösliche Farbstoff (Pigment) wird vor der Färbung in Wasser aufgeschwemmt (dispergiert).

Bei den bisher erwähnten Verfahren erfolgt die Färbung in wäßrigen Lösungen. Es werden fertige Fäden bzw. Textilien gefärbt.

Schmelzspinnfarbstoffe:	Der Farbstoff wird mit der Kunststoffschmelze vor dem Verspinnen vermischt.

Wesentliche Begriffe für die Haftprinzipien bei den obigen Verfahren im Überblick:

- kovalente Bindungen (Atombindungen);
- elektrovalente Bindungen (Ionenbindungen, salzartige Bindungen);
- komplexartige Bindungen (koordinative Bindungen);

- Wasserstoffbrückenbindungen;
- Bindungen zwischen unpolaren Molekülen oder Molekülteilen (Van-der-Waals-Kräfte, Adsorptionskräfte).

Beachten Sie, daß bei vielen Färbungen mehrere Haftprinzipien gleichzeitig wirksam werden!
Hinweis: Wenn Sie Aufgaben zur Färbung zu erwarten haben (fragen Sie Ihren Lehrer), sollten Sie die Färbemethoden, den Aufbau der Fasern (Baumwolle, Wolle, Synthesefasern) und die Haftprinzipien (Bindungslehre) wiederholen. Erstellen Sie eigene Übungsaufgaben!

3.4.3 Lösungen

Lösung 1:

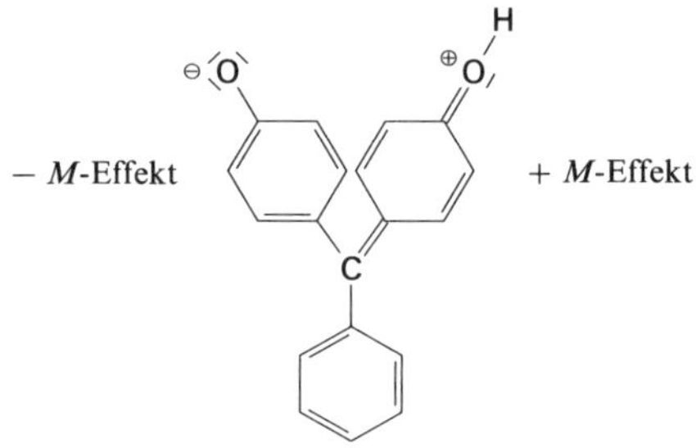

Lösung 2:

Der Vergleich der mesomeren Grenzformeln zeigt, daß in beiden Verbindungen eine Abfolge von konjugierten Doppelbindungen vorliegt, die zu einer Delokalisierung von π-Elektronen führen kann, da alle π-Bindungen bildende *p*-Orbitale senkrecht auf der durch die Benzolringe gebildeten Ebene liegen. Die Endgruppen besitzen jeweils Donator- (+ *M*-Effekte) und Akzeptoreigenschaften (− *M*-Effekte).

Lösung 3:

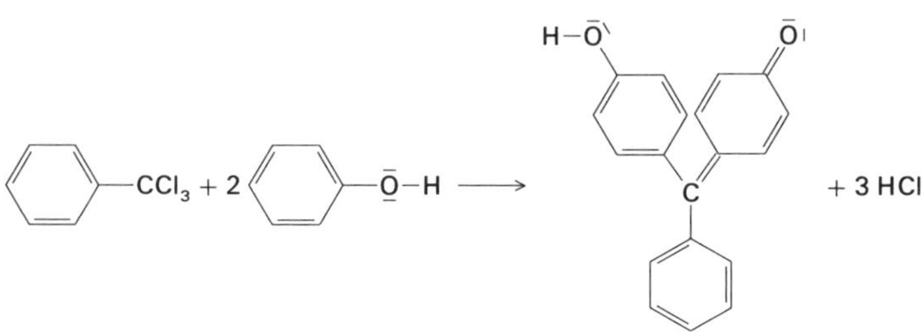

Lösung 4:

a)

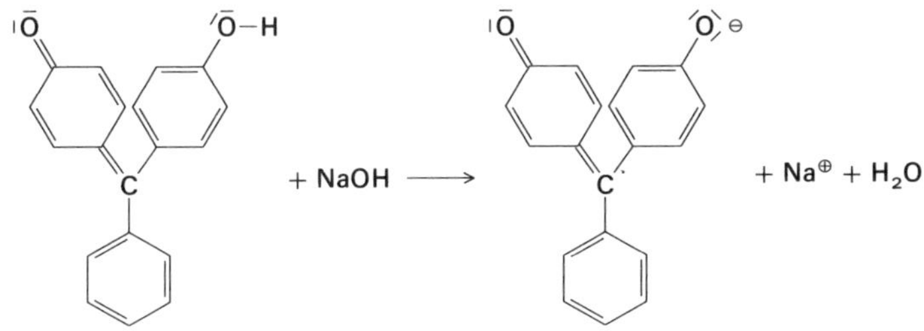

Benzaurin
(gelb)

Benzaurin
(Farbsalz; violett)

b)

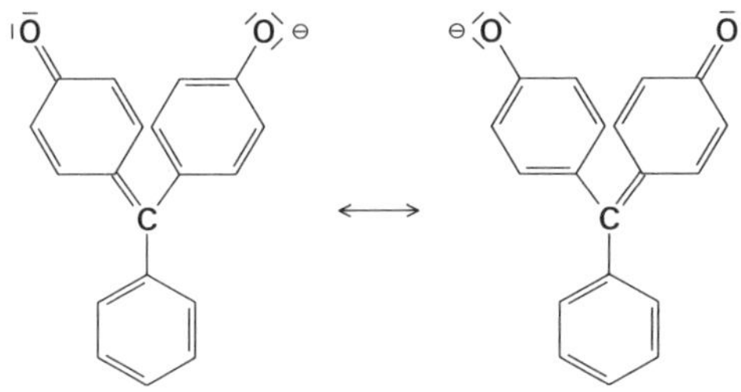

c) Die Neutralisation macht aus der phenolischen OH-Gruppe eine Phenolatgruppe, d. h., das neutrale Benzaurin wird zum Farbsalz. Der Vergleich der Grenzformeln von Benzaurin und dem Anion zeigt, daß beim Benzaurin eine Grenzformel nur durch Ladungstrennung erstellbar ist, beim Salz jedoch durch Ladungsverschiebung. Da die Anzahl der π-Bindungen gleich bleibt, müßte dies nach dem Mesomeriemodell zu einem bathochromen Effekt führen, d. h., das Farbsalz absorbiert energieärmeres Licht. Die Absorptionsbande liegt im längerwelligen Bereich.

d) Die Einwirkung der starken Lauge führt zur Addition einer OH-Gruppe am zentralen C-Atom. Damit ist das konjugierte π-Elektronen-System unterbrochen:

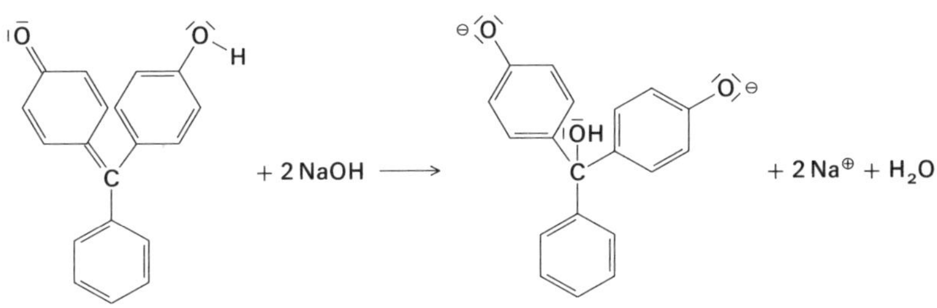

Lösung 5:

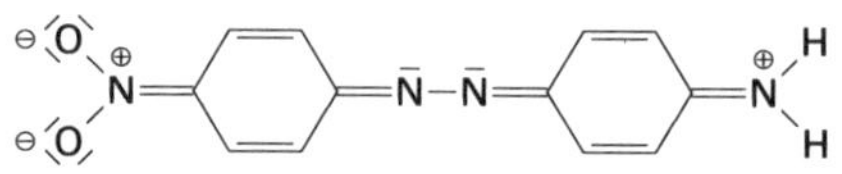

Unterschiede:
- Das konjugierte π-Elektronen-System wird von einer Azogruppe (—N=N—) anstatt von einer Methingruppe (—CH=) überbrückt.
- An der zentralen Gruppe erfolgt keine Störung durch einen Benzolring (Verzweigung).

Ähnlichkeiten:
- umfangreiches π-Elektronen-System;
- gleiche Hybridisierung der C- bzw. N-Atome im π-Elektronen-System;
- an den Enden des π-Elektronen-Systems Einflüsse von Gruppen mit + *M*- und − *M*-Effekten.

Lösung 6:

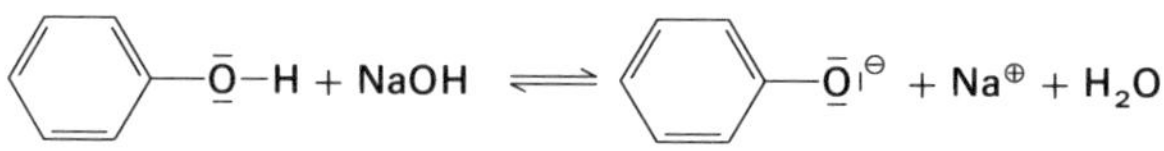

Das Phenolat-Ion besitzt einen stärkeren + *M*-Effekt als die Hydroxylgruppe. Dadurch wird die Elektronendichte in *o*- und *p*-Stellung erhöht und die Kupplung des Elektrophils erleichtert.

3.5 Indikatorfarbstoffe

In den Lehrplänen wird häufig neben der Besprechung der Textilfarbstoffe auch die der Indikatoren verlangt.

Indikatorfarbstoffe werden zur Bestimmung

- des Gehalts von Kationen oder Anionen,
- des Gehalts an Oxidations- oder Reduktionsmitteln,
- des Gehalts an Säure oder Lauge und
- des pH-Werts

benutzt.

Das folgende Übungspaket beschränkt sich auf Aufgaben über Säure-Base-Indikatoren.

Hinweis: Wenn Sie solche Aufgaben erwarten, sollten Sie die Themen „Massenwirkungsgesetz" und „Säure-Base-Reaktionen" wiederholen. Dies wäre sowohl für das Verständnis der Wirkungsweise von Indikatoren als auch für das Lösen komplexer Aufgaben in Klausuren vorteilhaft.

Übung 1:
Versuchen Sie, eine möglichst kurze, aber umfassende Beschreibung der Wirkung eines Säure-Base-Indikators zu geben!

Die Wechselwirkung des Indikatormoleküls mit Wasser läßt sich z. B. mit folgender Gleichung beschreiben:

$$\text{H-Ind} + H_2O \rightleftharpoons H_3O^{\oplus} + \text{Ind}^{\ominus}$$

Übung 2:
Was geschieht bei der Zugabe von Lauge in eine wäßrige Indikatorlösung?

Übung 3:
Wie verändert sich das Verhältnis von $c_{(\text{H-Ind})}$ und $c_{(\text{Ind}^{\ominus})}$, wenn der pH-Wert um 1 kleiner oder größer ist?

Übung 4:

Indikator	Farbwechsel	$pK_{(\text{H-Ind})}$-Wert
Methylorange	rot/gelb	3,8
p-Nitrophenol	farblos/gelb	6,0
Bromthymolblau	gelb/blau	7,0
Phenolphthalein	farblos/rotviolett	7,8

Welche Farben haben die obenstehenden Indikatoren bei pH = 7? Kurze Begründung!

Übung 5:
Phenolphthalein:

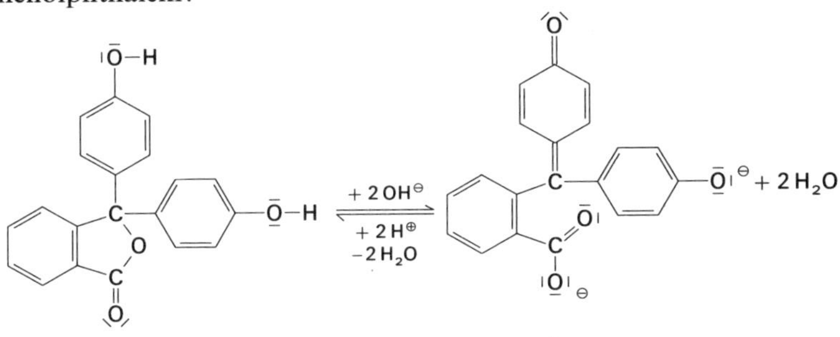

A (farblos) B (rotviolett)

Geben Sie eine Grenzformel zu Form B an, und erklären Sie den Farbunterschied zu A mit dem Mesomeriemodell!

Übung 6:
Gibt man Phenolphthalein in stark konzentrierte Laugen, so entsteht nach einiger Zeit folgendes Ion:

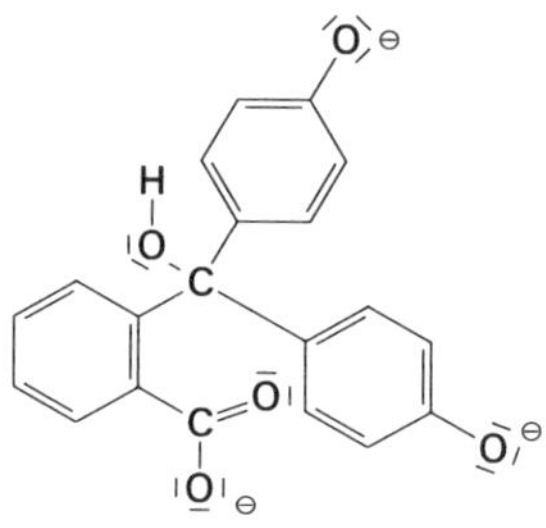

C

a) Geben Sie die Reaktionsgleichung an!
b) Welche Farbe (Absorption) erwarten Sie? Begründen Sie!
c) Die Reaktionen in Übung 5 und 6 sind reversibel. Welche Farbänderungen treten bei kontinuierlicher Zugabe von verdünnter Schwefelsäure zu der Verbindung C auf? Erklären Sie!

Hinweis: Üben Sie ähnliche, selbstgestellte Aufgaben zu anderen Triphenylmethanfarbstoffen oder Azofarbstoffen!

Lösungen

Lösung 1:
Säure-Base-Indikatoren sind organische Moleküle, die durch eine pH-abhängige Aufnahme oder Abgabe von Protonen ihre Lichtabsorption (und damit ihre Farbe) schnell und reversibel verändern.

Lösung 2:
Durch die Zugabe von Hydroxidionen werden die Hydroniumionen aus dem Gleichgewicht entfernt. Damit verschiebt sich das Gleichgewicht zur $Ind^{\ominus}$-Form des Indikators und nimmt eindeutig dessen Farbe an.

Nach dem MWG läßt sich ableiten:

$$K = \frac{c_{(H_3O^{\oplus})} \cdot c_{(Ind^{\ominus})}}{c_{(H\text{-}Ind)} \cdot c_{(H_2O)}};$$

$$\text{da } c_{(H_2O)} \approx \text{konst.} \Rightarrow K \cdot c_{(H_2O)} = \frac{c_{(H_3O^{\oplus})} \cdot c_{(Ind^{\ominus})}}{c_{(H\text{-}Ind)}} = K_{(H\text{-}Ind)}$$

$$\Rightarrow pK_{(H\text{-}Ind)} = pH - \log \frac{c_{(Ind^{\ominus})}}{c_{(H\text{-}Ind)}}$$

$$\text{bzw. } pH = pK_{(H\text{-}Ind)} + \log \frac{c_{(Ind^{\ominus})}}{c_{(H\text{-}Ind)}}$$

Wenn je 50% $Ind^{\ominus}$ und H-Ind vorliegen, erscheint der Indikator in der Mischfarbe der beiden verschieden gefärbten Formen.
Dabei ist $c_{(H\text{-}Ind)} : c_{(Ind^{\ominus})} = 1$.

Da $\log 1 = 0 \Rightarrow pH = pK_{(H\text{-}Ind)}$.

Lösung 3:

$pH = pK_{(H\text{-}Ind)} - 1 \Rightarrow c_{(H\text{-}Ind)} : c_{(Ind^{\ominus})} = 10 : 1$;

$pH = pK_{(H\text{-}Ind)} + 1 \Rightarrow c_{(H\text{-}Ind)} : c_{(Ind^{\ominus})} = 1 : 10$.

Da bei einer Abweichung des pH-Werts von $pK_{(H\text{-}Ind)}$ um 1 Einheit die eine Form zehnmal häufiger vorkommt als die andere, ist ihre Farbe eindeutig zu erkennen.

Lösung 4:

- Methylorange: gelb, da bei pH = 7 fast ausschließlich die gelbe Form ($Ind^{\ominus}$) vorliegt;
- *p*-Nitrophenol: gelb, da bei pH = 7 immer noch das zehnfache an $Ind^{\ominus}$ vorhanden ist;
- Bromthymolblau: grün, da 50% der gelben und 50% der blauen Form vorliegen. Durch subtraktive Farbmischung von Gelb und Blau entsteht der Farbeindruck Grün;
- Phenolphthalein: farblos; es liegt fast ausschließlich die farblose H-Ind-Form vor.

Lösung 5:

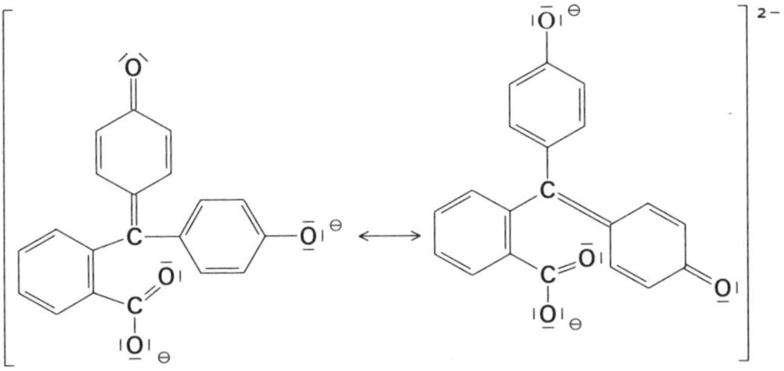

B B′

Bei A gibt es mesomere Grenzformeln durch Ladungstrennung; außerdem können sich die π-Elektronen und freien Elektronenpaare nur über eine kurze Strecke von konjugierten Bindungen verteilen. Die Substanz absorbiert im UV-Bereich, ist also farblos.
Die Form B erhält durch die Aufspaltung des Lactonrings und durch Protonenabgabe die Möglichkeit, ein ausgedehnteres konjugiertes π-Elektronen-System auszubilden. Außerdem haben die mesomeren Grenzformeln B und B′ den gleichen Energieinhalt.

Lösung 6:

a)

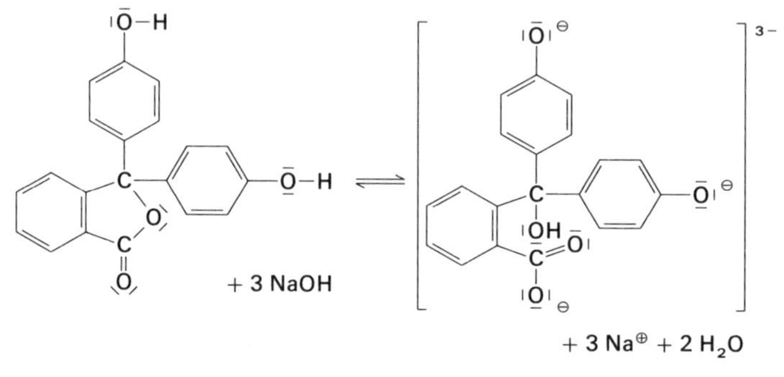

b) Diese Form ist wieder farblos wie auch Form A, d. h., es ist eine Absorption im UV-Bereich zu erwarten, weil das ausgedehnte konjugierte π-Elektronen-System durch die Addition der Hydroxylgruppe an das zentrale Kohlenstoffatom unterbrochen wird.

c) Durch die Zugabe von Hydroniumionen wird die Hydroxylgruppe am zentralen C-Atom entfernt. Es entsteht wieder die rotviolette Form B (siehe Übung 5). Bei weiterer Zugabe von Säure bildet sich das farblose Phenolphthaleinmolekül A zurück.

3.6 Klausurarbeit

3.6.1 Vorbemerkungen

Die folgende Klausurarbeit erfordert einen Zeitaufwand von ungefähr zwei Stunden. Achten Sie darauf, daß Sie während der Bearbeitung nicht gestört werden, und benutzen Sie als Hilfsmittel nur die Tabelle der Komplementärfarben auf Seite 44! Formulieren Sie Ihre Antworten ausführlich und in Reinschrift, sonst können Sie nicht beurteilen, ob Sie schnell genug arbeiten! Vergleichen Sie erst am Ende mit den Lösungen!

Der Zeitaufwand und die Probleme beim Lösen der Aufgaben werden auch davon abhängen, ob Ihnen die verwendeten Beispiele bekannt sind. Sie müssen bei den Abiturklausuren damit rechnen, daß Ihnen die Farbstoffe selbst unbekannt sind. In der Regel weisen sie jedoch Ähnlichkeiten mit besprochenen Beispielen auf.

3.6.2 Aufgaben

1.1. Beschreiben Sie anhand der Graphik die Grundprinzipien der Absorption linearer Chromophore!

Graphik:

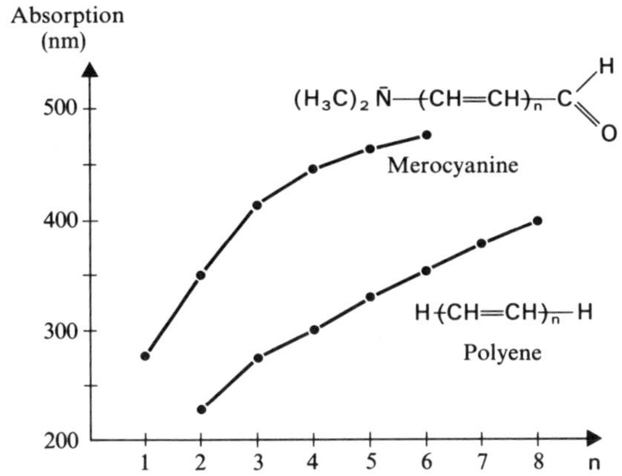

1.2. Welche Farbe haben Polyene und Merocyanine bei n = 4? Erklären Sie die Farbunterschiede möglichst genau!

1.3. Ersetzt man die Aldehydgruppe des Merocyanins mit n = 4
a) durch eine Hydroxylgruppe, so ergibt sich eine hypsochrome Verschiebung;
b) durch eine Nitrogruppe, so ergibt sich eine bathochrome Verschiebung.
Geben Sie Grenzformeln an, und erklären Sie diese Beobachtungen!

2. Bromthymolblau ist ein Säure-Base-Indikator:

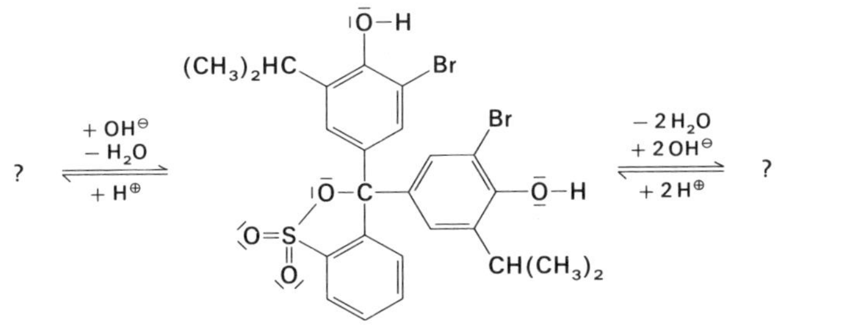

B (rot; pH < 2) — A (gelb; pH = 2–6) — C (blau; pH > 7,5)

2.1. Geben Sie die Reaktionsgleichungen für die Umsetzung von Bromthymolblau mit Chlorwasserstoffsäure bzw. mit Natronlauge an!

2.2. Erklären Sie die verschiedenen Farben dieser Verbindung bei unterschiedlichen pH-Werten!

2.3. Welche Grundvoraussetzungen muß ein Farbstoff erfüllen, damit er als Indikator verwendbar ist?

2.4. Warum sollte man Bromthymolblau bei einer Titration nur in geringen Mengen zusetzen, und warum ist dieser Indikator für die Titration von starken Säuren und starken Laugen weniger geeignet als Phenolphthalein?

3.6.3 Lösungen

1.1.
Lineare Chromophore sind unverzweigte Kohlenwasserstoffverbindungen mit konjugierten Doppelbindungen und verschiedenen Endgruppen.

Der Graph zeigt, daß bei den Polyenen und den Merocyaninen mit der Länge des konjugierten Systems eine Verschiebung der Absorption in längerwellige, also energieärmere Bereiche erfolgt. Die Steigung des Graphen nimmt mit steigender Zahl n ab.

Die Lage der beiden Graphen ist verschieden. Polyene absorbieren im energiereichsten Bereich (kleine Wellenlängen). Die Absorption der Merocyanine liegt durch die Wechselwirkung zwischen den Gruppen mit $+M$- und $-M$-Effekt in einem energieärmeren Bereich.

1.2.

	Absorption	sichtbare Farbe
Polyene ($n = 4$)	280 nm	(farblos)
Merocyanine ($n = 4$)	440 nm	gelb

Die Farbigkeit eines linearen Chromophors erklärt sich durch die Absorption von Energie aus dem Bereich des sichtbaren Lichts. Unserem Auge erscheint die Summe des Restlichts farbig.

Im Farbstoffmolekül werden durch die aufgenommene Energie Elektronen vom HOMO ins LUMO angehoben (die Desaktivierung erfolgt durch unterschiedliche Vorgänge). Der Energieunterschied zwischen HOMO und LUMO, der für die Farbe verantwortlich ist, hängt von der Möglichkeit einer Delokalisierung der π- und n-Elektronen ab. Der Ausgleich der Bindungslängen von ursprünglich reinen Einfach- und Doppelbindungen, der sich durch meßbar gleiche Abstände zwischen den C-Atomen zu erkennen gibt, ist ein direktes Maß dafür. Abschätzen läßt sich der Bindungsausgleich durch den Vergleich der mesomeren Grenzformeln (Mesomeriemodell).

Bei den Polyenen „ergeben" sich unterschiedliche Grenzformeln nur durch Ladungstrennung, außerdem liegen für $n = 4$ positive und negative Ladung im Molekül nahe beisammen. Dies läßt auf einen großen Abstand zwischen HOMO und LUMO schließen und führt zur Absorption von energiereichem, kurzwelligem Licht.

Bei den Merocyaninen ergänzen sich der $+M$-Effekt der Dimethylaminogruppe und der $-M$-Effekt der Carbonylgruppe. Dadurch ist das konjugierte π-Elektronen-System größer und der HOMO-LUMO-Abstand geringer. Die Absorption liegt im energieärmeren Bereich.

1.3.

a) $(H_3C)_2\bar{N}-CH=CH-CH=CH-CH=CH-CH=CH-\underline{\bar{O}}-H$

Es lassen sich keine sinnvollen mesomeren Grenzformeln angeben, da beide Endgruppen einen + *M*-Effekt zeigen.

b)

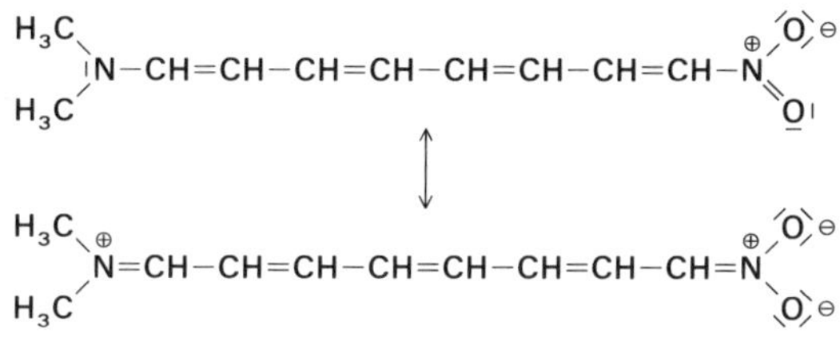

Die Hydroxylgruppe hat wie die Dimethylaminogruppe einen + *M*-Effekt, so daß die Delokalisierung der n- und π-Elektronen im Vergleich zur Ausgangsverbindung schlechter ist. Dies bedeutet eine Absorption im energiereicheren Bereich, also eine hypsochrome Verschiebung.
Die bathochrome Verschiebung beim Ersatz der Carbonylgruppe durch die Nitrogruppe erklärt sich durch den stärkeren − *M*-Effekt der Nitrogruppe.

2.1.

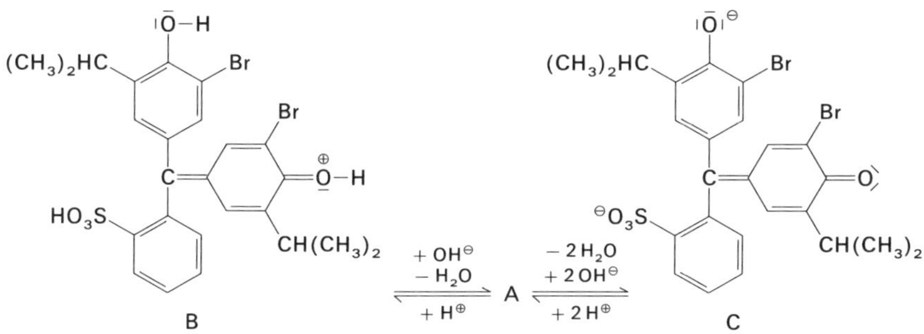

2.2.
Durch die Öffnung des Ringes am mittleren C-Atom bei Säurezugabe ergibt sich die Möglichkeit des Bindungsausgleichs über das ganze Molekül. Der + *M*-Effekt der Hydroxylgruppe und der − *M*-Effekt der Sulfonsäuregruppe oder der ($=\overset{\oplus}{\underline{O}}-H$)-Gruppe können sich ergänzen. (Welche Gruppe für den Effekt verantwortlich ist, kann man nicht entscheiden!) Dies bedeutet eine Verlängerung des konjugierten π-Elektronen-Systems und eine Verschiebung der Absorption in den energieärmeren Bereich des Lichts (bathochromer Effekt; Farbverschiebung von Gelb nach Rot).
Auch bei der Reaktion mit Lauge ergibt sich nach der Reaktion der Hydroxidionen die Ringöffnung. Der + *M*-Effekt der Phenolatgruppe und der

– *M*-Effekt der Sulfonsäuregruppe ergänzen sich. Da beim Vergleich der Grenzformeln nur eine Ladungsverschiebung vorliegt, muß die Absorption in einem noch energieärmeren Bereich erfolgen (Farbverschiebung von Gelb über Rot hinaus nach Blau).

2.3.
Der Indikatorfarbstoff muß mit Hydronium- und Hydroxidionen schnell und reversibel reagieren. Dabei müssen bei verschiedenen pH-Werten unterschiedlich gefärbte Formen des Indikators vorliegen.

2.4.
Bromthymolblau ist durch die beiden phenolischen Hydroxylgruppen selbst eine schwache Säure und würde bei Zugabe von größeren Mengen das Titrationsergebnis beeinflussen.
Starke Laugen und Säuren haben bei der Titration ihren Äquivalenzpunkt bei pH = 7. Phenolphthalein (pK = 7,8) ist bei pH = 7 farblos. Ein geringer Laugenüberschuß färbt die Lösung rotviolett. Die pK-Wert von 7,0 bei Bromthymolblau wäre eigentlich für die Titration aufgrund des Äquivalenzpunkts günstig. Bei pH = 7 liegt jedoch die Mischfarbe zwischen der gelben und blauen Form, also Grün vor. Diese Farbe ändert sich im Bereich um den Äquivalenzpunkt nur graduell, und damit ist der pH-abhängige Farbwechsel schwerer erkennbar als der Wechsel von der farblosen in die rotviolette Form des Phenolphthaleins.

4. Kapitel: Waschmittel

4.1 Vorbemerkungen

Die Waschmittel stellen im Chemieunterricht ein häufig behandeltes Thema dar, weil sie einerseits einen Bezug zum Alltag haben, andererseits die Möglichkeit zur Anwendung von Kenntnissen früherer Themen bieten.

Die Schwerpunkte des Unterrichts liegen meist bei den Tensiden, der Wasserenthärtung, den Bleichmitteln und den Weißmachern. Die anderen Inhaltsstoffe der Waschmittel haben im Unterricht eine geringere Bedeutung.

Die wichtigsten Fragen zum Thema im Überblick:

- Was bewirkt der Stoff beim Waschvorgang?
- Wie bewirkt er dies?
- Wie wird er hergestellt?
- Wie belastet er die Umwelt?

4.2 Die Inhaltsstoffe von Waschmitteln

Wir beschränken uns auf die wichtigsten Inhaltsstoffe von Fein- und Vollwaschmitteln.

4.2.1 Die Tenside

Unter dem Begriff Tenside oder Synonymen wie **WAS** (**w**asch**a**ktive **S**ubstanzen), **grenzflächenaktive Substanzen, Detergenzien** und **Surfactants** faßt man Stoffe zusammen, die in ihrer Grundstruktur aus einem unpolaren (hydrophoben, lipophilen) und einem polaren (hydrophilen, lipophoben) Molekülteil bestehen.

Übung 1:
Versuchen Sie, sich die Bedeutung der oben erwähnten Begriffe klar zu machen!

Übersicht über die wichtigsten Tensidtypen:

Anionische Tenside (Verbrauch 1985: 151 700 t ohne Alkaliseifen):

- Alkaliseifen

$$H_3C-(CH_2)_x-COO^{\ominus}Na^{\oplus} \quad x = 9-19$$

– Fettalkoholsulfat

$$H_3C-(CH_2)_x-\overline{\underline{O}}-SO_3^{\ominus}Na^{\oplus} \qquad x = 9-19$$

– Alkansulfonat

$$H_3C-(CH_2)_x-SO_3^{\ominus}Na^{\oplus} \qquad x = 9-19$$

oder

$$\begin{matrix} H_3C-(CH_2)_x \diagdown \\ \qquad\qquad CH_2-SO_3^{\ominus}Na^{\oplus} \\ H_3C-(CH_2)_y \diagup \end{matrix} \qquad \begin{matrix} x = 4-7 \\ y = 9-10 \end{matrix}$$

– Alkylbenzolsulfonat

x = 9–12

– Alkoholethersulfat

$$H_3C-(CH_2)_x-\overline{\underline{O}}-CH_2-CH_2-\overline{\underline{O}}-SO_3^{\ominus}Na^{\oplus} \qquad x = 10-13$$

Kationische Tenside (Verbrauch 1985: 30000 t):

– Tetraalkylammoniumchlorid

$$\left[H_3C-(CH_2)_x-\overset{\displaystyle CH_3}{\underset{\displaystyle CH_3}{\overset{|}{\underset{|}{N}}}}-(CH_2)_x-CH_3 \right]^{\oplus} Cl^{\ominus} \qquad x = 15-17$$

Amphotere (zwitterionische) Tenside (Verbrauch 1985: 5500 t):

– Betain

$$H_3C-(CH_2)_x-\overset{\displaystyle CH_3}{\underset{\displaystyle CH_3}{\overset{|}{\underset{|}{N}}}}{}^{\oplus}-CH_2-COO^{\ominus} \qquad x = 11-17$$

Nichtionische Tenside (Verbrauch 1985: 142000 t):

– Alkoholethoxylat

$$H_3C-(CH_2)_x-\overline{\underline{O}}-(CH_2-CH_2-\overline{\underline{O}})_y-H \qquad \begin{matrix} x = 9-17 \\ y = 3-15 \end{matrix}$$

– Alkylphenolethoxylat

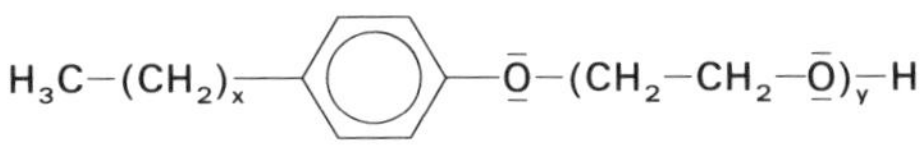

x = 7–11
y = 9–10

Hinweis: Eine ausführliche Übersicht finden Sie in der Folienserie des Fonds der chemischen Industrie, Bd. 14 „Tenside“ und in der Zeitschrift „Praxis der Naturwissenschaften Chemie“, Aulis-Verlag, Heft 2/37 „Waschmittel“ vom 1. 3. 1988.

Bedeutung und Wirkungsweise

Entscheidend ist der Aufbau der Tensidmoleküle aus einem unpolaren und einem polaren Molekülteil. Diese Struktur erlaubt dem Tensid, gleichzeitig Wechselwirkungen mit den meist unpolaren Schmutzpartikeln und dem polaren Lösungsmittel Wasser einzugehen.

> **Übung 2:**
> Beschreiben Sie a) das Benetzungsvermögen, b) das Emulgiervermögen und c) das Dispergiervermögen von Tensidlösungen!

Synthese

Die Synthesen der in der Übersicht enthaltenen Tenside beruhen auf sehr unterschiedlichen Reaktionstypen und bieten Gelegenheit zur Anwendung von Grundreaktionen der organischen Chemie.

Hinweis: Wiederholen Sie die Reaktionsmechanismen der Veresterung, der Verseifung, der Neutralisation und der S_E-Reaktion!

> **Übung 3:**
> Geben Sie in einer Gleichung die alkalische Verseifung eines beliebigen Fettmoleküls an!

> **Übung 4:**
> Geben Sie den Mechanismus für die säurekatalysierte Verseifung eines Fettes an! Benennen Sie die einzelnen Reaktionsschritte!

Tip: Benutzen Sie nur einen Ausschnitt aus einem Fettmolekül!

> **Übung 5:**
> Geben Sie die Reaktionsgleichungen für die Bildung des folgenden Tensidmoleküls aus 4-Octen, Benzol, Schwefelsäure und Natronlauge an! Benennen Sie die einzelnen Reaktionsschritte!
>
> 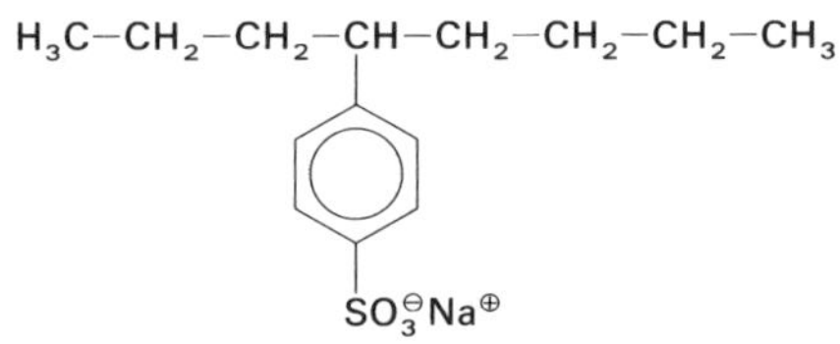
>

Hinweis: Wiederholen Sie die Friedel-Crafts-Alkylierung und die Sulfonierungsreaktion, falls Sie den genauen Reaktionsmechanismus angeben müssen!

Umweltproblematik

Die sogenannten harten, langsam abbaubaren Tenside, z. B. Tetrapropylenbenzolsulfonat (TPS), sind heute verboten (1. Detergenziengesetz 1961). Sie sind durch sogenannte weiche, schneller biologisch abbaubare Tenside, z. B. lineares Alkylbenzolsulfonat (LAS oder ABS), ersetzt worden. Der biologische Abbau durch Bakterien führt zur Entstehung von Biomasse, zur Mineralisierung und zur Bildung von Kohlendioxid und Wasser.

Hinweis: Falls Sie die Abbaureaktionen besprochen haben, sollten Sie diese wiederholen!

Solange der Abbau nicht beendet ist, besitzen Tenside eine Toxizität für die Wasserlebewesen. Deshalb sollte man Waschmittellösungen nicht direkt in Flüsse oder Seen einleiten.

4.2.2 Builder (Gerüststoffe oder Waschmittelverstärker)

Waschmittel enthalten Stoffe, die unter der Bezeichnung „Builder" zusammengefaßt werden und die Waschkraft des Waschmittels verbessern sollen. Die Funktionen der Builder sind vielfältig, weil sie an verschiedenen Stellen aktiv in den Waschvorgang eingreifen. Builder fördern den Waschvorgang, indem sie

- Calcium- und Magnesiumionen binden, die im Wasser als Härtebildner vorhanden sind;
- andere Metallionen binden, wie z. B. Aluminium- und Eisenionen, die sowohl im Schmutz als auch im Wasser enthalten sein können; durch diesen Vorgang wird der Schmutz aufgebrochen und kann besser von der Faser abgelöst werden;
- durch Anlagerung (Adsorption) an die Faser deren negative Aufladung verstärken; dies ist für die Schmutzablösung wichtig;
- durch Bindung von Schwermetallionen die vorzeitige Zersetzung von Bleichmitteln verhindern;
- durch Erhöhung des pH-Werts und durch Pufferwirkung den Waschvorgang auf noch nicht ganz geklärte Weise begünstigen;
- Ablagerungen auf den Fasern und auf Waschmaschinenteilen verhindern.

Hinweis: Falls Sie im Unterricht die vielfältigen Wirkungen der Builder ausführlicher besprochen haben, sollten Sie die obige Zusammenfassung selbständig ergänzen.

Wasserhärte

Einige Funktionen der Builder in Waschmitteln kann man nur verstehen, wenn man Kenntnisse über die Härte des Wassers besitzt. Häufig wird dieses Thema im Zusammenhang mit den Waschmitteln besprochen und abgefragt. Die folgenden Übungen sollen Ihnen helfen, diese Kenntnisse aufzufrischen.

> **Übung 6:**
> Was versteht man unter „temporärer Härte“ (Kalkhärte) des Wassers? Wie gelangt sie ins Wasser, und wie wird sie beim Kochen des Wassers wieder ausgefällt? Reaktionsgleichungen!

> **Übung 7:**
> Die Analyse einer Wasserprobe ergibt einen Gehalt von 80 mg/l Calciumionen und einen Gehalt von 12,15 mg/l Magnesiumionen. Berechnen Sie die Gesamthärte der Wasserprobe!

Hinweis: Die heute international übliche Angabe erfolgt in mmol Calcium- bzw. Magnesiumionen pro Liter. Häufig wird auch noch die veraltete Maßeinheit „Grad Deutscher Härte“ (°dH) verwendet (1 °dH entspricht 7,1 mg Calciumionen oder 4,3 mg Magnesiumionen pro Liter). Zur Erleichterung für die Verbraucher wird die Wasserhärte in Wasserhärtebereiche eingeteilt:

Härtebereich 1:	0–1,3 mmol/l
Härtebereich 2:	1,3–2,5 mmol/l
Härtebereich 3:	2,5–3,8 mmol/l
Härtebereich 4:	über 3,8 mmol/l

> **Übung 8:**
> Wie beeinflussen die Härtebildner des Wassers die Waschaktivität von Seifen? Reaktionsgleichung!

Builder

Pentanatriumtriphosphat:

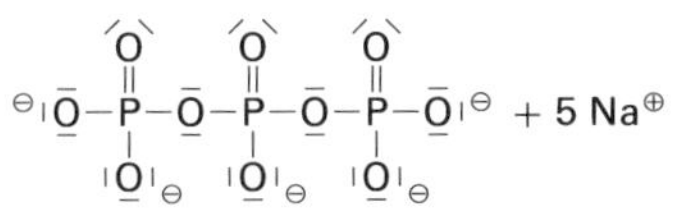

Früher war Pentanatriumtriphosphat (PNT) der am häufigsten eingesetzte Builder in Waschmitteln. Seine Wirkung beruht in erster Linie auf der Fähigkeit zur Ausbildung relativ stabiler Komplexe mit Metallionen. Es unterstützt den Waschvorgang in der oben beschriebenen Weise.

> **Übung 9:**
> Inwiefern stellen die Phosphate im Abwasser eine Belastung der Flüsse und Seen dar?

Zeolithe:

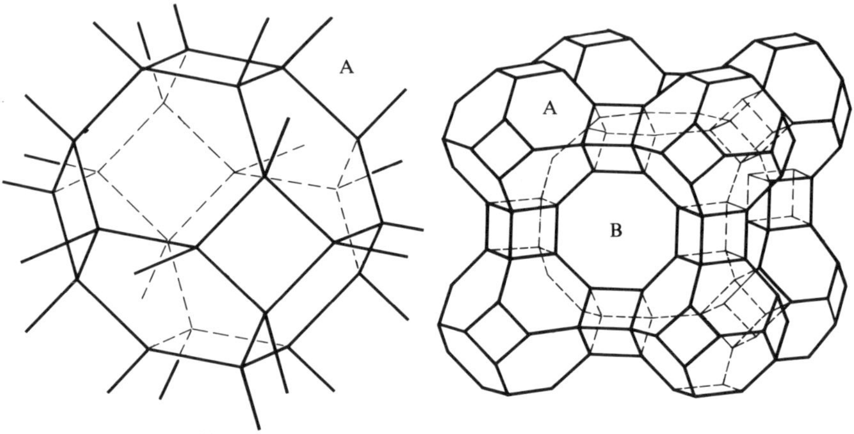

(a) (b)

(a) 24 $\{SiO_4\}$-Tetraeder, die über gemeinsame Ecken zu einem Gerüst verknüpft sind, das einen abgestumpft kubooktaedrischen Hohlraum definiert; (b) raumerfüllende Anordnung der Polyeder A, die einen größeren Hohlraum B definiert (nach: Greenwood, H. N. und A. Earnshaw, Chemie der Elemente; VCH, Weinheim 1988).

Aufgrund der Umweltproblematik der Phosphate wurde nach einem Builder für Waschmittel gesucht, der die Wirkung des PNT übernimmt, aber umweltverträglicher ist. Die Entwicklung der Zeolithe führte zu einer akzeptablen Lösung. Die Zeolithe (siehe Abbildung) bestehen aus Natriumaluminiumsilicaten (der Handelsname „Sasil“ kommt aus dem Englischen „**S**odium **Alu**minium **Si**licate“). Ihre Funktion beruht auf dem Ionenaustauschprinzip. In den Hohlräumen des Zeolithgerüstes befinden sich Natriumionen, die gegen Calcium- oder Magnesiumionen ausgetauscht werden. Die Zeolithe sind im Gegensatz zu PNT nicht wasserlöslich und liegen im Waschwasser als Suspension vor. Nach bisherigen Erkenntnissen gelten die Zeolithe als umweltverträglich, da sie in den Kläranlagen bzw. Vorflutern abgelagert werden. Zeolithe erreichen als Builder nicht ganz die Waschunterstützung wie PNT. Deshalb werden den Waschmitteln weitere Stoffe (z. B. EDTA, siehe Kapitel 4.2.3) zugesetzt.

4.2.3 Die restlichen Inhaltsstoffe

Im folgenden sind entweder Stoffgruppen mit den am häufigsten eingesetzten Verbindungen oder wichtige Einzelverbindungen aufgeführt. Falls Sie weitere Beispiele kennen oder einzelne Stoffgruppen ausführlicher besprochen haben, ergänzen Sie diese Übersicht!

Bleichmittel:

Natriumperborat setzt beim Erhitzen Wasserstoffperoxid frei. Dieses reagiert mit Hydroxidionen zu Perhydroxylanionen, die zu oxidativer Zerstörung von Farbflecken fähig sind.

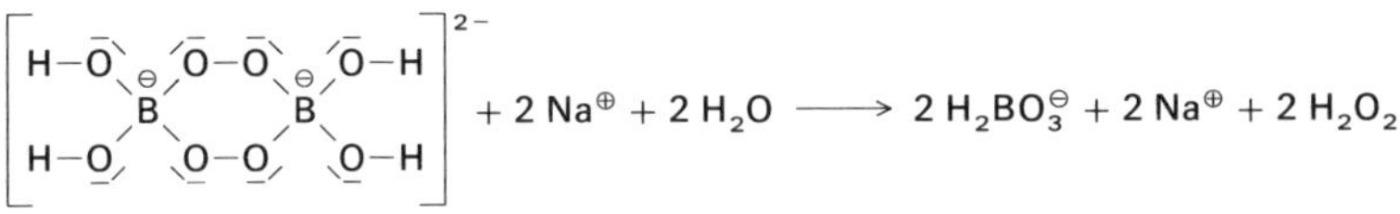

$$H_2O_2 + OH^{\ominus} \longrightarrow H{-}\bar{\underline{O}}{-}\bar{\underline{O}}|^{\ominus} + H_2O$$

Tetraacetylethylendiamin (TAED):

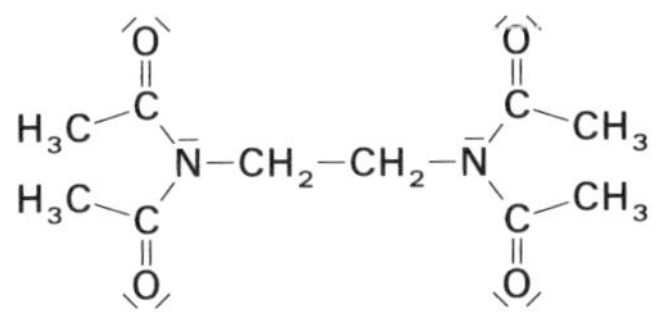

TAED dient als Aktivator für das Natriumperborat, damit dieses auch bei Waschtemperaturen unter 60 °C wirksam werden kann.

Ethylendiamintetraacetat (EDTA):

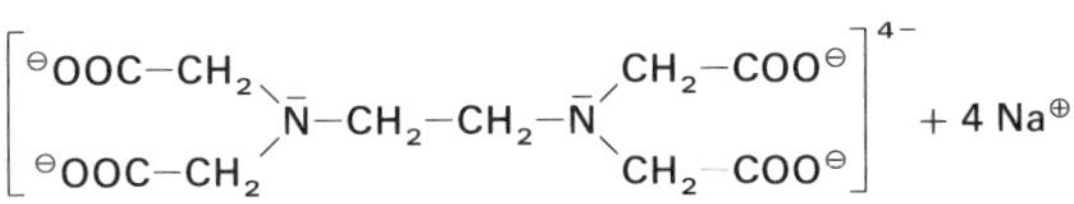

EDTA wirkt als Stabilisator für das Bleichmittel, indem es Metallionen, die eine Zersetzung des Bleichmittels katalysieren, komplex bindet.

Weißtöner:

Früher Blaufarbstoffe (Absorption im Gelbbereich) genannte Stoffe, die den leichten Gelbstich der Wäsche (Absorption im Blaubereich) ausgleichen. Heute werden an Stelle von Blaufarbstoffen Fluoreszenzfarbstoffe verwendet, die UV-Strahlung absorbieren und Blaulicht emittieren. Dadurch wird der von der vergilbten Wäsche absorbierte Blauanteil des Lichts kompensiert.

Vergrauungsinhibitoren:

Stoffe, die die Oberfläche von Textilien belegen und die Wiederablagerung von Schmutzteilchen verhindern sollen, z. B. Carboxymethylcellulose.

Korrosionsinhibitoren:

Stoffe, die Metallteile der Waschmaschine vor chemischen Reaktionen mit der Waschlauge schützen, z. B. Natriumsilicat.

Schauminhibitoren:

Mit den Alkaliseifen verwandte Moleküle, die eine zu starke Schaumbildung beim Waschvorgang verhindern.

Enzyme:

Je nach Typ können Sie eiweiß-, fett- und kohlenhydrathaltigen Schmutz schon bei tiefen Temperaturen in leichter lösliche Abbauprodukte überführen.

Geruchsstoffe:

Parfüm zur Geruchsverbesserung des Waschmittels.

Stellmittel:

Stoffe, die zur Erhaltung der Rieselfähigkeit des Waschmittels und zur besseren Dosierung der Waschmittelmenge beitragen, z. B. Natriumsulfat.

4.2.4 Lösungen

Lösung 1:

Tenside (zu lat. tendere = spannen): Einfluß auf die Oberflächenspannung des beim Waschvorgang benutzten Lösungsmittels Wasser.

WAS (waschaktive Substanzen): bewirken den Waschvorgang.

Detergenzien (zu lat. detergere = reinigen): früher Bezeichnung für grenzflächenaktive Stoffe, heute allgemein übliche Bezeichnung für Waschmittel.

Surfactants (zu engl. surface = Oberfläche): im englischen Sprachraum übliche Bezeichnung für grenzflächenaktive Stoffe.

Lösung 2:

a) Wasser besitzt eine große Oberflächenspannung, die eine Benetzung von unpolaren Stoffen erschwert. Tenside setzen diese Oberflächenspannung herab, indem sie sich mit ihrem polaren Teil zwischen die Wassermoleküle einlagern. Der Kontakt zwischen Wasser und Textilien wird dadurch verbessert.
b) Die Tenside können mit ihrem unpolaren Ende in unpolaren, flüssigen Schmutz (z. B. Fett) eindringen. Die polaren Enden ragen ins Wasser und stoßen sich gegenseitig ab, da sie gleichartig geladen sind. Es kommt zu einer feinen, gleichmäßigen Verteilung des flüssigen Fetts.

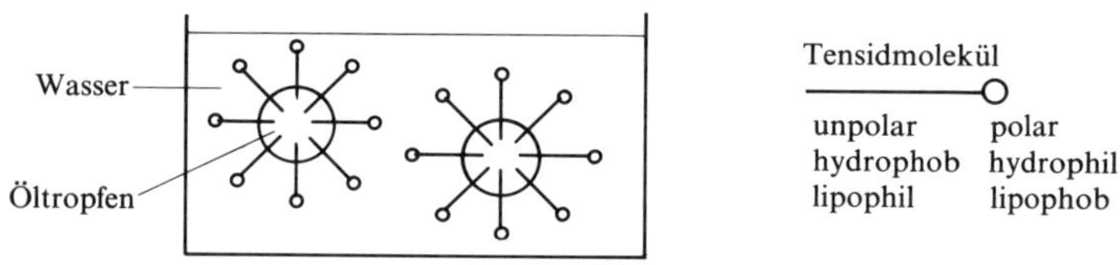

c) Das Dispergiervermögen beruht auf den gleichen Vorgängen wie bei b). Bei der Dispersion handelt es sich um eine feine Verteilung eines in Wasser unlöslichen Feststoffs (z. B. Ruß).

Lösung 3:

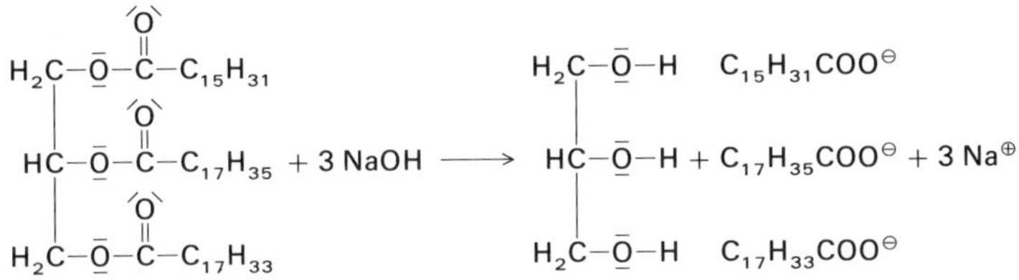

Lösung 4:

Protonierung des Esters:

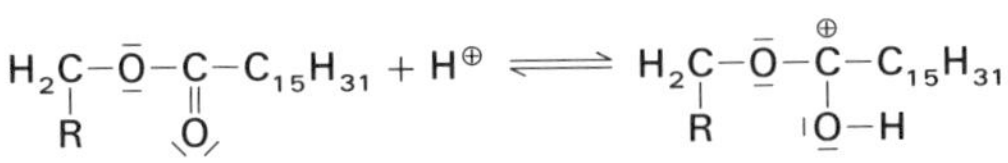

Anlagerung von Wasser: Intramolekulare Protonenumlagerung:

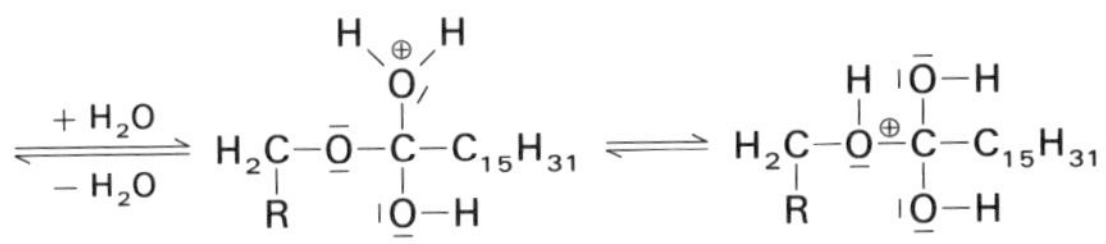

Spaltung: Deprotonierung:

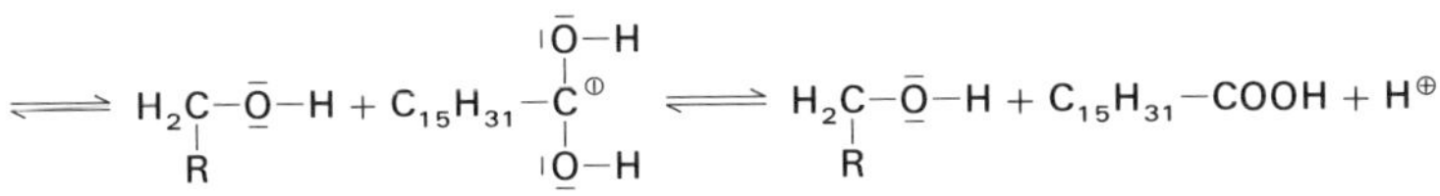

Lösung 5:

Alkylierung (S_E-Reaktion):

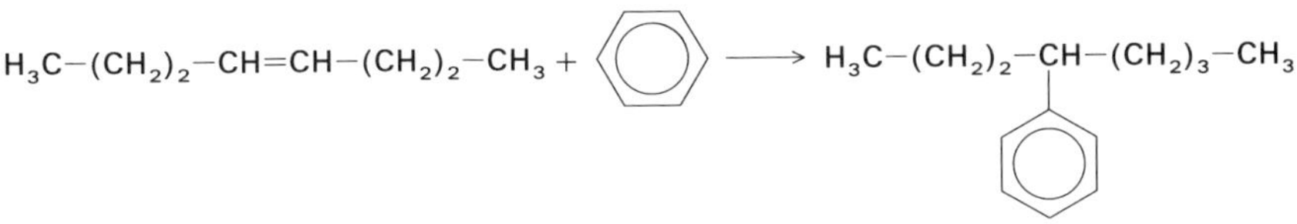

Sulfonierung (S_E-Reaktion):

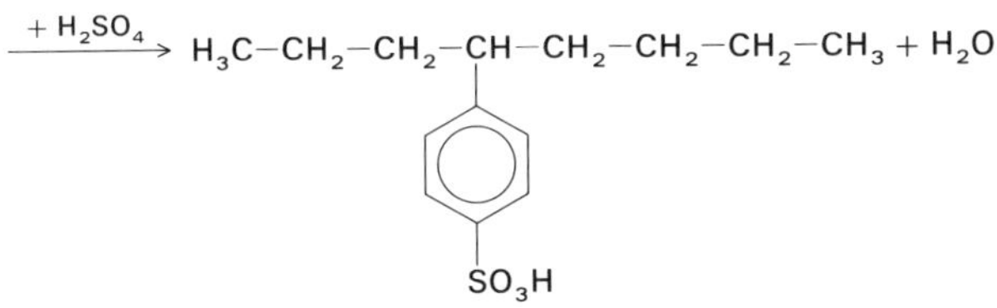

Neutralisation:

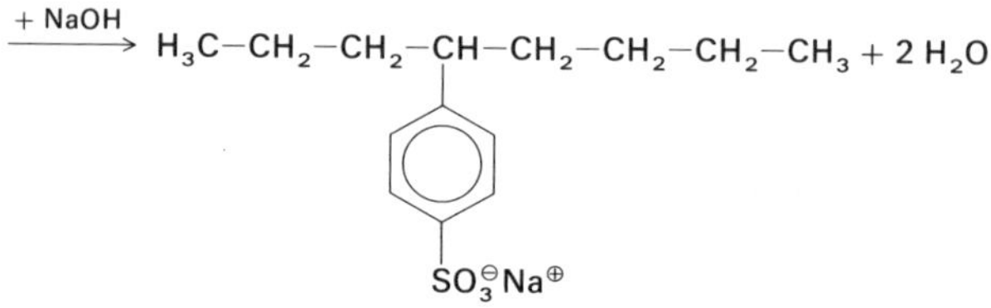

Lösung 6:

Unter temporärer Wasserhärte versteht man den Gehalt an Calcium-, Magnesium- und Hydrogencarbonat-Ionen, die im Gegensatz zu den Calcium-, Magnesium- und Sulfat-Ionen (permanente Härte, Gipshärte) durch Kochen ausgefällt werden können.

$$Ca^{2+}(aq) + 2\,HCO_3^{\ominus}(aq) \underset{\text{Bildung}}{\overset{\text{Ausfällung}}{\rightleftharpoons}} CaCO_3(s) + H_2O(l) + CO_2(g)$$

Lösung 7:

$M_{(Ca)} = 40\,\frac{g}{mol}; \quad M_{(Mg)} = 24{,}3\,\frac{g}{mol}$

$$n = \frac{m}{M}$$

$$n_{(Ca)} = \frac{0{,}08\ g}{40\,\frac{g}{mol}} = 2 \cdot 10^{-3}\ mol = 2\ mmol$$

$$n_{(Mg)} = \frac{0{,}01215\ g}{24{,}3\,\frac{g}{mol}} = 0{,}5 \cdot 10^{-3}\ mol = 0{,}5\ mmol$$

Gesamthärte: 2,5 mmol

Lösung 8:

Die Härtebildner reagieren mit Seifen zu schwerlöslicher Kalkseife. Diese Kalkseife hat keine Waschwirkung. Sie fällt als Niederschlag aus und lagert sich auf der Faser ab. Das Gewebe wird dadurch grau und spröde.

Lösung 9:

Die Phosphate werden in Kläranlagen normalerweise nicht abgebaut und gelangen mit dem geklärten Abwasser in die Flüsse und Seen. Bei einem zu hohen Gehalt an Phosphaten kann es vor allem in stehenden und langsam fließenden Gewässern zur Eutrophierung kommen.

4.3 Klausurarbeit

4.3.1 Vorbemerkungen

Zur Bearbeitung der folgenden Aufgaben benötigen Sie etwa 90 Minuten. Sie sollten in dieser Zeit ungestört arbeiten können. Bearbeiten Sie alle Fragen ohne Hilfsmittel! Schreiben Sie Ihre Antworten detailliert auf, und vergleichen Sie erst, wenn Sie fertig sind, mit den Kurzlösungen! Versuchen Sie, Ihre wesentlichen Fehler zu analysieren, um sie in Zukunft vermeiden zu können!

4.3.2 Aufgaben

1.1. Geben Sie sämtliche Reaktionsgleichungen für die Herstellung eines Fettalkoholsulfats aus einem beliebigen Fett an! Benennen Sie die einzelnen Reaktionsschritte!

Tip: Benutzen Sie nur einen Ausschnitt aus einem Fettmolekül!

1.2. Was geschieht, wenn ein Tropfen einer wäßrigen Lösung der obigen Verbindung auf eine mit Schwefelpulver bestreute Wasseroberfläche gegeben wird? Erklären Sie Ihre Beobachtungen!

1.3. Erklären Sie, warum die obige Verbindung unpolare Schmutzpartikel in Wasser dispergieren kann!

2. Eine größere Menge Salatsoße, bestehend aus Speiseöl, Essig und Kochsalz, verschmutzt ein Hemd.

2.1. Beschreiben Sie die Ablösung dieses Schmutzes beim Waschen des Hemds mit einer a) Alkaliseifenlösung bzw. b) Nonylphenolpolyglykoletherlösung! Geben Sie je eine Formel der Verbindungen a) und b) an!

2.2. Wie verhalten sich die oben beschriebenen Waschmittellösungen gegenüber hartem Wasser?

3. Ein weißes Hemd mit einem leichten Gelbstich wird mit einem „Fluoreszenzfarbstoff“ (Weißtöner) behandelt.
Sie tragen dieses Hemd
a) im Sonnenlicht,
b) im Licht einer Glühlampe (leicht gelbliches Licht),
c) im Licht eines „Rotscheinwerfers“,
d) im Licht einer Lampe mit hohem UV-Anteil.
Erklären Sie die jeweils zu beobachtende Farbe des Hemds!

4.3.3 Lösungen

1.1.
Saure Verseifung des Fetts:

$$\underset{\substack{|\\ R}}{H_2C}-\overline{\underline{O}}-\overset{\substack{\langle O \rangle\\ \|}}{C}-C_{15}H_{31} + H_2O \xrightarrow{(+H^+)} \underset{\substack{|\\ R}}{H_2C}-\overline{\underline{O}}-H + C_{15}H_{31}-COOH$$

Katalytische Hydrierung der Fettsäure (Reduktion):

$$C_{15}H_{31}-COOH + 2\,H_2 \xrightarrow{\text{(Kat.)}} C_{15}H_{31}-\underset{\displaystyle H}{\overset{\displaystyle H}{\underset{|}{\overset{|}{C}}}}-\overline{\underline{O}}-H + H_2O$$

Veresterung mit Schwefelsäure:

$$C_{15}H_{31}-\underset{\displaystyle H}{\overset{\displaystyle H}{\underset{|}{\overset{|}{C}}}}-\overline{\underline{O}}-H + H_2SO_4 \longrightarrow C_{15}H_{31}-\underset{\displaystyle H}{\overset{\displaystyle H}{\underset{|}{\overset{|}{C}}}}-\overline{\underline{O}}-SO_3H + H_2O$$

Neutralisation mit Lauge:

$$C_{15}H_{31}-\underset{\displaystyle H}{\overset{\displaystyle H}{\underset{|}{\overset{|}{C}}}}-\overline{\underline{O}}-SO_3H + NaOH \longrightarrow C_{15}H_{31}-\underset{\displaystyle H}{\overset{\displaystyle H}{\underset{|}{\overset{|}{C}}}}-\overline{\underline{O}}-SO_3^{\ominus} + Na^{\oplus} + H_2O$$

1.2.
Vom Zentrum des Eintropfens aus wird der Schwefel nach außen gedrängt. Die Fettalkoholsulfatmoleküle bestehen aus einem unpolaren, hydrophoben Kohlenwasserstoffrest und einem polaren, hydrophilen Sulfatrest. Der hydrophobe Teil ragt aus der Wasseroberfläche heraus, der hydrophile Teil taucht in die Wasseroberfläche ein. Die Kationen werden im Wasser hydratisiert. Es bildet sich eine monomolekulare Schicht von sich abstoßenden Anionen, die die Schwefelteilchen verdrängen.

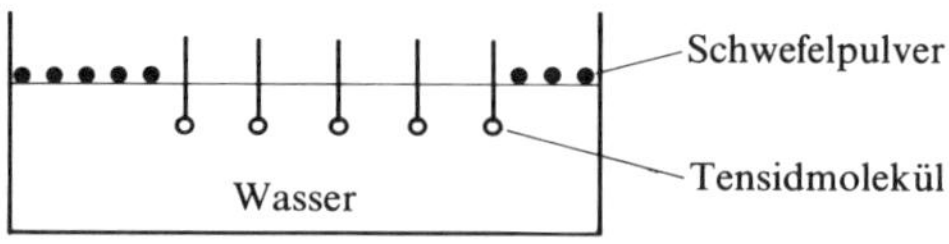

1.3.
Die obige Verbindung kann sich mit dem unpolaren Teil durch Adsorption (Van-der-Waals-Kräfte) an polare Schmutzpartikel anlagern. Die hydrophilen Sulfatanionen ragen aus dem Schmutz heraus und können im Wasser hydratisiert werden. Die entstehenden „Schmutz-Waschmittel-Agglomerate" stoßen sich gegenseitig ab und verteilen sich gleichmäßig im Wasser (Dispersion).

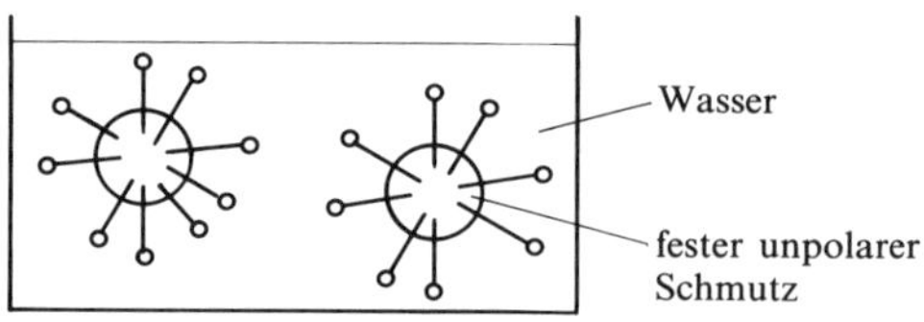

2.1.
Das Kochsalz (Natriumchlorid) wird auch ohne Waschmittel gelöst. Die Natrium- und Chloridionen werden im Wasser hydratisiert und ergeben mit den beiden Tensiden in dieser Konzentration kaum Wechselwirkungen.

Auch der Essig – im wesentlichen verdünnte Ethansäure – wird allein schon vom Wasser entfernt, weil Ethansäure und Wasser in jeder Menge mischbar sind (Dissoziation und Hydratisierung der Ethansäure). Die Hydroniumionen können mit den Anionen der Alkaliseife schwerlösliche Carbonsäure bilden, die keine Waschwirkung mehr hat und sich auf der Faser ablagern kann. Die Waschwirkung des Nonylphenolpolyglykolethers bleibt erhalten. Es erfolgt höchstens eine Protonierung eines Sauerstoffatoms.

Das Speiseöl kann von beiden Stoffen vom Gewebe abgelöst und emulgiert werden: Die Tenside lagern sich mit dem unpolaren Teil an das Öl an, und die polaren Teile ragen ins Wasser. Durch ihre gegenseitige Abstoßung wird das Öl emulgiert.

2.2.
a) Alkaliseife reagiert mit hartem Wasser (Calcium- und Magnesiumionen) unter Bildung von schwerlöslicher Kalkseife. Diese Kalkseife flockt zum Teil aus und besitzt daher keine Waschwirkung mehr. Sie kann sich auf der Faser ablagern und bildet eine harte Kruste.
b) Die Verbindung weist keine Ladungen auf und tritt deshalb mit den Ionen des harten Wassers kaum in Wechselwirkung. Die Waschwirkung bleibt auch in hartem Wasser erhalten.

3.
Der Fluoreszenzfarbstoff kann UV-Strahlung in bläuliches Licht umwandeln.

a) Der UV-Anteil des Sonnenlichts bewirkt, daß der Fluoreszenzfarbstoff so viel „Blau“ emittiert, daß der leichte Gelbstich kompensiert wird. Das Hemd erscheint weiß.
b) Eine Glühlampe enthält kein UV-Licht. Das Hemd erscheint deshalb in einem gelblichen Weiß.
c) Auch bei Rotlicht hat der Fluoreszenzfarbstoff keine Wirkung. Das Hemd reflektiert das Rotlicht.
d) Bei sehr hohem UV-Anteil von Licht wird zuviel „Blau“ emittiert, so daß der Gelbstich überkompensiert wird. Das Hemd „strahlt“ in einem bläulichen Weiß.

5. Kapitel: Das schriftliche Abitur

5.1 Vorbemerkungen

Die folgenden Abituraufgaben sollten eine Art „Abschlußtraining“ Ihrer Vorbereitung zum schriftlichen Abitur sein. Versuchen Sie, die Prüfungsbedingungen Ihres Bundeslandes bzw. Ihrer Schule möglichst genau in Erfahrung zu bringen! Lösen Sie die folgenden Aufgaben, soweit möglich, unter ähnlichen Bedingungen! Sorgen Sie dafür, daß Sie möglichst zur gleichen Uhrzeit, zu der Ihre Prüfung stattfinden wird, etwa vier Stunden Zeit haben! Beachten Sie die folgenden Hinweise:

- Legen Sie sich Ihre Arbeitsmaterialien (Papier, Füller bzw. Kugelschreiber, Farb- und Bleistifte, Radiergummi und Zeichenmaterial) und die bei Prüfungen manchmal zugelassenen Hilfsmittel (Taschenrechner, Periodensystem, Formelsammlung, Tabellen) schon am Abend vorher bereit!
- Lesen Sie alle Aufgaben in Ruhe und mit voller Konzentration langsam durch! Eventuell dürfen Sie im Abitur bei Unklarheiten vor Beginn der eigentlichen Bearbeitungszeit Fragen stellen.
- Beginnen Sie mit der Aufgabe, von der Sie annehmen, daß Sie Ihnen am leichtesten fällt! Erfolgserlebnisse bauen Aufregung und Angst ab.
- Lösen Sie jedoch die Teilaufgaben mit der gleichen Hauptziffer möglichst in der gegebenen Reihenfolge, da sie häufig aufeinander aufbauen!
- Wenn Sie Schwierigkeiten mit der Beantwortung einer Frage haben, halten Sie sich nicht zu lange damit auf! Lassen Sie auf Ihrem Blatt etwas Platz, und gehen Sie zur nächsten Frage über!
- Kontrollieren Sie zwischendurch die Zeit!
- Formulieren Sie Ihre Antworten vollständig, und schreiben und zeichnen Sie so sauber, wie Sie es auch in der Prüfung tun würden, denn nur dann ist eine Zeitkontrolle sinnvoll!
- Sie sollten die Aufgaben so zügig bearbeiten, daß Ihnen für eine kleine Pause zur Entspannung und Erfrischung Zeit bleibt. Außerdem sollten Sie die gesamte Arbeit vor der Abgabe nochmals in Ruhe durchlesen.

5.2 Aufgaben

Zur Bearbeitung der beiden Teile der folgenden Klausurarbeit zu den Themen „Kunststoffe“ und „Farbstoffe“ benötigen Sie je etwa zwei Stunden. Falls Sie den Band „Grundlagen der organischen Chemie“ dieser Reihe besitzen, können Sie die Teilaufgaben auch kombinieren. Sie sollten die Fragen in jedem Fall ohne Benutzung Ihrer Unterlagen oder anderer Hilfsmittel lösen. Der Einsatz des Taschenrechners ist erlaubt.

I. Thema: Kunststoffe

1.0. In der folgenden Übersicht sind Ausschnitte von Polymeren wiedergegeben:

A

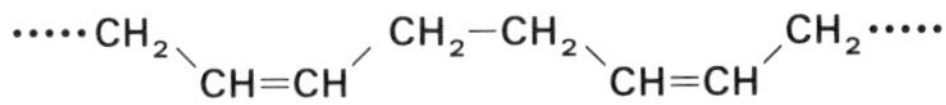

B

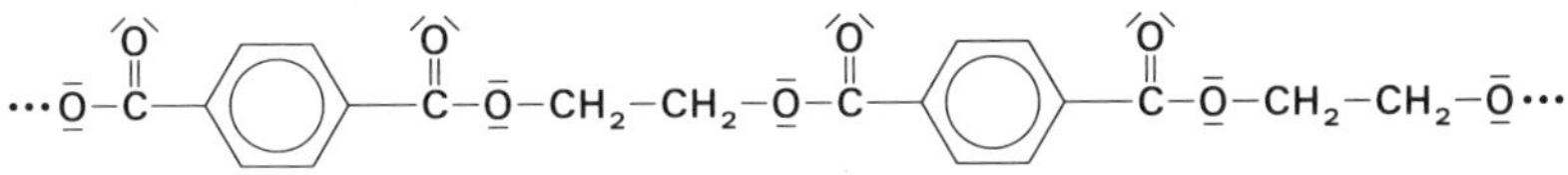

C

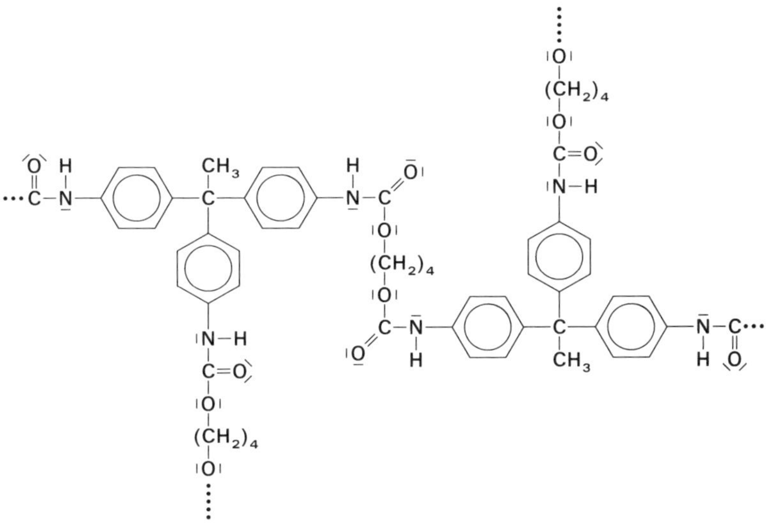

1.1. Ermitteln Sie die Struktureinheiten von A und die Verknüpfungsstellen von B und C! Geben Sie die Monomere an, aus denen die Kunststoffe in der Übersicht aufgebaut sind!

1.2. Geben Sie einen Reaktionsschritt und den Reaktionstyp zur Herstellung dieser Kunststoffe an!

2.1. Die Kunststoffe in obiger Übersicht finden Verwendung als Duromere, Elastomere und Fasern. Beschreiben Sie kurz, welche Eigenschaften Kunststoffe aus den drei Anwendungsbereichen haben sollten!

2.2. Ordnen Sie die drei Kunststoffe den drei Anwendungsbereichen zu! Begründen Sie Ihre Entscheidung, indem Sie die jeweils möglichen Aussagen über Konstitution, Konformation und räumlichen Aufbau einer Polymerkette sowie der Ketten zueinander aus den Formelausschnitten ableiten!

3.0. Versuchsanleitung:
In einem Reagenzglas gibt man zu Styrol (Ethenylbenzol) einige Kristalle Eisen(III)-chlorid und erwärmt im Wasserbad. Nach einiger Zeit bildet sich ein Polymerisat.

Tip: $FeCl_3$ wirkt als Lewis-Säure!

3.1. Geben Sie einen Ausschnitt aus der Polymerkette an!

3.2. Formulieren Sie die Startreaktion durch den Initiator!

3.3. Man erreicht bei dieser Reaktion einen mittleren Polymerisationsgrad von 10000.
a) Erläutern Sie den Begriff „mittlerer Polymerisationsgrad"!
b) Berechnen Sie die mittlere molare Masse des Polymers!

3.4. Beenden Sie das Kettenwachstum durch eine geeignete Abbruchreaktion!

3.5. Benutzt man zusammen mit Styrol ein weiteres Monomer, z. B. Acrylnitril, so können sich Copolymere bilden. Je nach Reaktionsbedingungen können zwei Copolymere mit unterschiedlicher Konstitution hergestellt werden.
Wandeln Sie die Versuchsvorschrift 3.0. so ab, daß ein statistisches Polymer (z. B. AABABBAABBBAAABABB) und ein Blockpolymer (z. B. AAAAAAABBBBBBB) entstehen!
Begründen Sie Ihre Vorschrift!

II. Thema: Farbstoffe

1. Methylorange

A

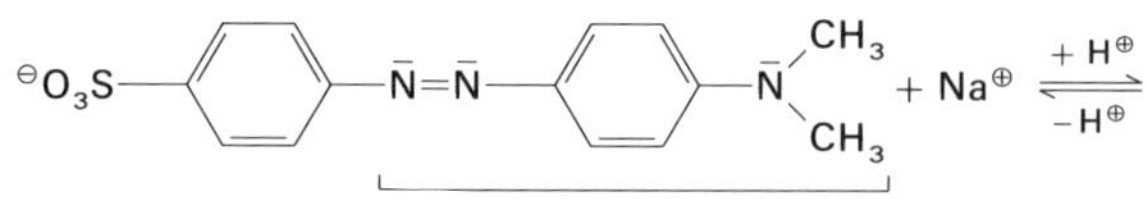

B

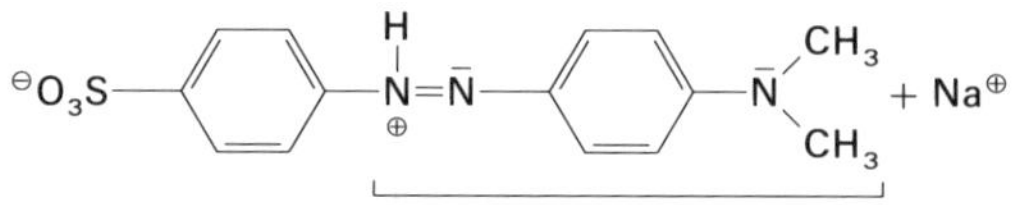

1.1. Geben Sie die Reaktionsgleichungen für die Synthese von Methylorange an! Beginnen Sie mit der Diazotierungsreaktion von Sulfanilsäure (*p*-Aminobenzolsulfonsäure)!

1.2. Methylorange wird als pH-Indikator verwendet. $K_{(H\text{-}Ind)}$ beträgt $1{,}58 \cdot 10^{-4}$ mol/l.
Bei welchem pH-Wert liegt der Umschlagspunkt von Methylorange? Warum gibt man für pH-Indikatoren meist einen Umschlagsbereich und keinen Umschlagspunkt an? Berechnen und erklären Sie!

1.3. Geben Sie je eine Grenzformel für den markierten Molekülabschnitt in saurem und basischem Milieu an!

1.4. Warum läßt sich Wolle in neutraler wäßriger Lösung mit diesem Farbstoff anfärben?

2. Die untenstehende Verbindung absorbiert bei einer Wellenlänge λ_{max} von 224 nm, wenn $R = CH_3$ und $R' = H$.

$$R-CH=CH-CH=CH-R'$$

Die Reste R und R′ können durch die folgenden Gruppen ersetzt werden:

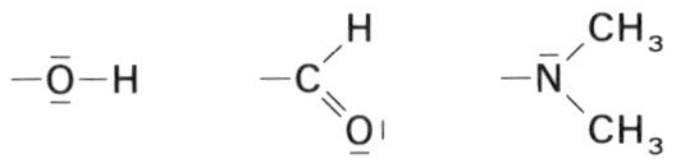

2.1. Wie lauten die Strukturformeln der drei möglichen Kombinationen, wenn die Verbindungen jeweils zwei verschiedene Reste besitzen?

2.2. Die Absorptionsmaxima für zwei der von Ihnen gewählten Moleküle liegen bei $\lambda = 320$ nm bzw. $\lambda = 360$ nm.
Ordnen Sie diese Wellenlängen den entsprechenden Verbindungen zu, und erklären Sie die Unterschiede der Absorption mit dem Mesomeriemodell!

2.3. Erklären Sie, warum eine der neu gebildeten Verbindungen gegenüber der Ausgangsverbindung von 2. keine bathochrome Verschiebung zeigt!

2.4. Versuchen Sie, eine neue Endgruppe für R′ zu finden, die in Verbindung mit der Dimethylaminogruppe (als R) eine beträchtlich größere bathochrome Verschiebung ergibt, ohne daß Sie dabei das konjugierte System stark vergrößern! Genaue Erklärung mit Grenzformeln!

5.3 Lösungen

I. Thema:

1.1.

	Struktureinheit	Monomere
A	$(\cdots\cdots CH_2-CH=CH-CH_2\cdots\cdots)$	$CH_2=CH-CH=CH_2$
	Verknüpfungsstelle	
B	$(\cdots\cdots CO-\overline{O}\cdots\cdots)$	
		$H\overline{O}-CH_2-CH_2-\overline{O}H$

C (·····N̄H–CO–Ō·····)

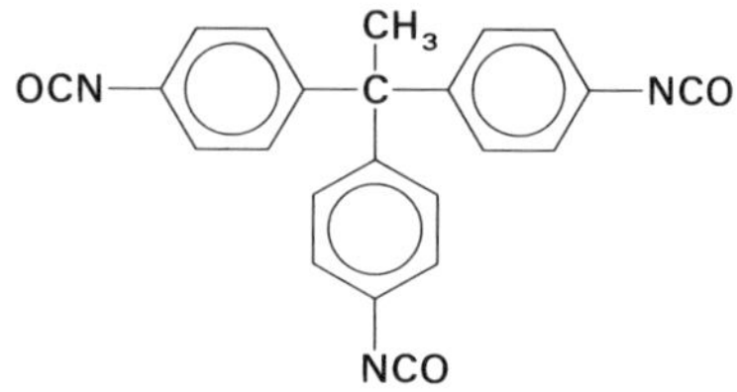

HŌ–$(CH_2)_4$–ŌH

1.2.
Das Polymer A kann durch eine *radikalische Polymerisation* hergestellt werden.

Kettenstart:

$$Ra\cdot + CH_2{=}CH{-}CH{=}CH_2 \longrightarrow Ra{-}CH_2{-}CH{=}CH{-}CH_2\cdot$$

Kettenwachstum:

$$Ra{-}CH_2{-}CH{=}CH{-}CH_2\cdot + CH_2{=}CH{-}CH{=}CH_2 \longrightarrow Ra{-}CH_2{-}CH{=}CH{-}CH_2{-}CH_2{-}CH{=}CH{-}CH_2\cdot$$

Zur Herstellung von Polymer B kann eine *Kondensationsreaktion* verwendet werden.

1. Reaktionsstufe:

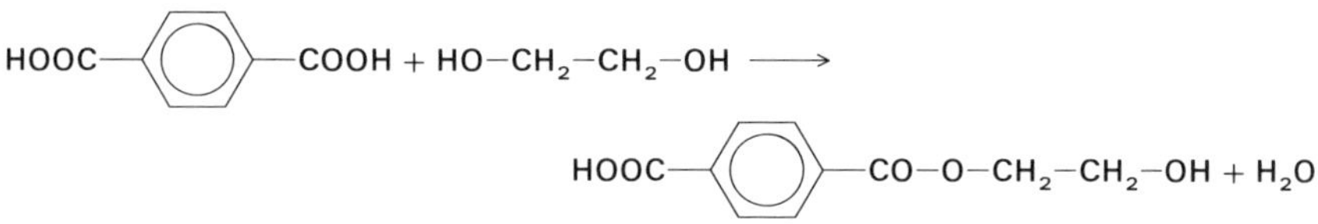

2. Reaktionsstufe:

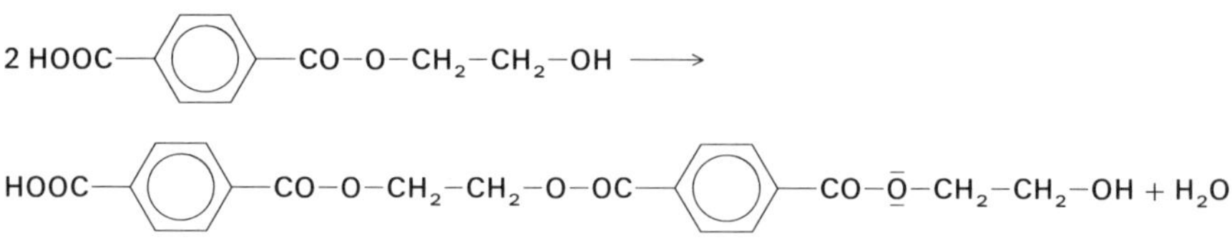

Polymer C kann aus den Monomeren durch eine *Additionsreaktion* aufgebaut werden.

1. Reaktionsstufe:

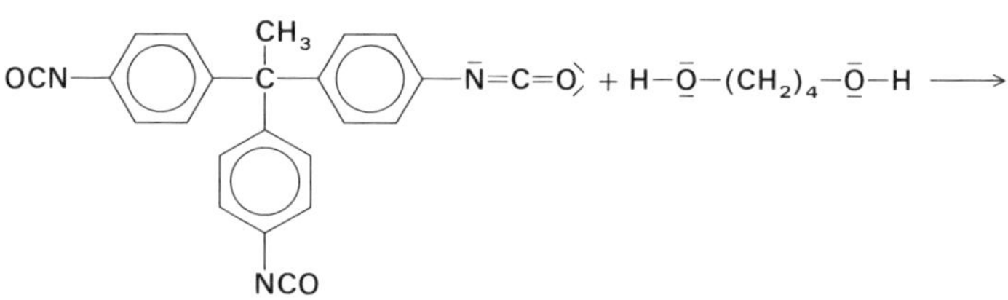

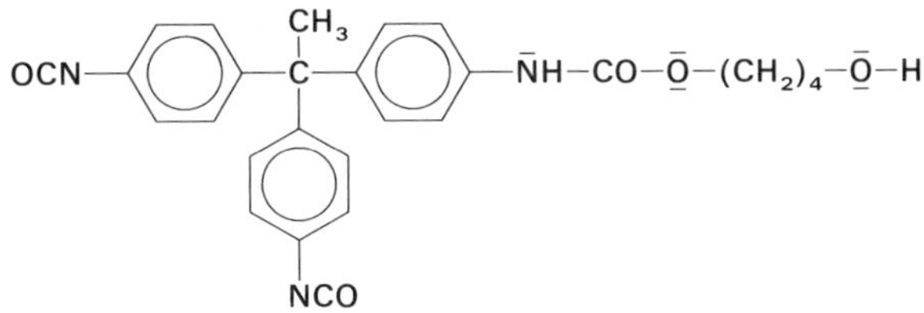

2.1.
Duromere: Im Gebrauchsbereich sollte der Kunststoff hart sein und mechanischen Belastungen gut widerstehen können. Häufig werden Duromere auch als Hartschaum eingesetzt. Nach der Aushärtung behalten die Duromere ihre Form bei. Beim Erhitzen wird der Kunststoff ohne Durchlaufen eines Schmelzbereichs zersetzt.

Elastomere: Diese Kunststoffe besitzen eine hohe Elastizität. Bei Krafteinwirkung sollen sie sich leicht verformen und danach wieder in die Ausgangsform zurückkehren. Der Gebrauchsbereich liegt oberhalb der Glastemperatur.

Fasern: In Fasern sind viele lineare Makromoleküle in Faserrichtung angeordnet. Die Fasern müssen bei Zugbelastung eine hohe Reißfestigkeit aufweisen. Häufig werden die Kunststoffäden nach dem Spinnen durch Verstrecken nachbehandelt. Der Gebrauchsbereich liegt knapp unterhalb der Glastemperatur.

2.2.
A ist ein Elastomer.
Begründung: Dcr Ausschnitt der Polymerformel zeigt, daß es sich um Polybutadien handelt. Wegen der Doppelbindungen sind Stereoisomere möglich. Da die beiden H-Atome auf einer Seite der Doppelbindung stehen, stellt der Ausschnitt das cis-Isomer dar. Durch die 1,4-Verknüpfung werden überwiegend lineare Moleküle entstehen. Es sind nur schwache zwischenmolekulare Kräfte möglich. Der Aufbau der Makromoleküle macht die Anordnung einer Kette in Form statistischer Knäuel wahrscheinlich. Somit wird ein günstiger Entropiezustand erreicht. Über die Doppelbindungen sind an wenigen Stellen Verbindungen einzelner Makromoleküle miteinander möglich. Bei geringer Krafteinwirkung werden die Knäuel auseinandergezogen und kehren beim Nachlassen der Kraft in eine entropisch günstige Form zurück. Die wenigen Bindungen der Makromoleküle untereinander verhindern ein Aneinandervorbeigleiten (siehe Abbildung Kapitel 2.4.6).

B ist eine Faserverbindung.
Begründung: Das Polymer ist ein Polyester. Die Monomere tragen jeweils zwei funktionelle Gruppen. Bei der Kondensation entstehen je nach Umsatz der Monomere große lineare Moleküle. Die Estergruppe ist eine polare Gruppe. Zwischen den Makromolekülen können Dipolanziehungskräfte wirken. Diese werden optimal wirksam, wenn die Makromoleküle möglichst parallel zueinander angeordnet werden. Dies geschieht nach dem Spinnen der

Fasern durch Verstrecken, d.h. Zugbelastung in Faserrichtung. Die statistischen Knäuel der Ketten werden auseinandergezogen und orientieren sich in Teilbereichen parallel zueinander. Der Enthalpiegewinn übertrifft die Abnahme der Entropie, so daß die teilkristallinen Bereiche beibehalten werden. Die Reißfestigkeit der Faser erhöht sich (siehe Abbildung Kapitel 2.3.2).

C ist ein Duromer.
Begründung: Das eine Monomer enthält drei Isocyanatgruppen, so daß insgesamt drei Verknüpfungen mit dem Diol möglich sind. Man erhält ein stark vernetztes Polymer. Bei einem sehr hohen Umsatz der Monomere erhält man praktisch ein einziges Makromolekül. Kovalente Bindungen werden in alle Raumrichtungen ausgebildet. Die Bindungskräfte sind für die hohe mechanische Belastbarkeit verantwortlich. Bei Temperaturerhöhung werden kovalente Bindungen gespalten, und der Kunststoff zersetzt sich.

3.1.
Ausschnitt aus der Polystyrolkette:

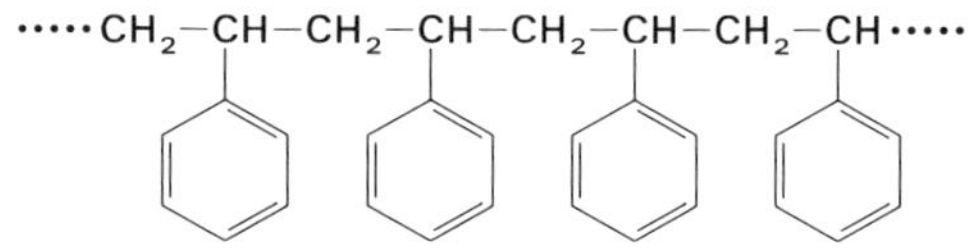

3.2.
$FeCl_3$ wirkt direkt als Initiator (a). Es kann auch mit anderen Stoffen reagieren, z.B. mit Wasser. Es bildet sich dann $[FeCl_3OH^{\ominus}]H^{\oplus}$. Das Proton leitet eine kationische Polymerisation ein (b):

a)

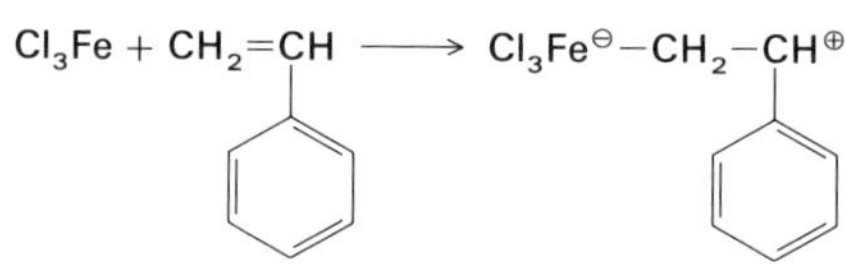

b)

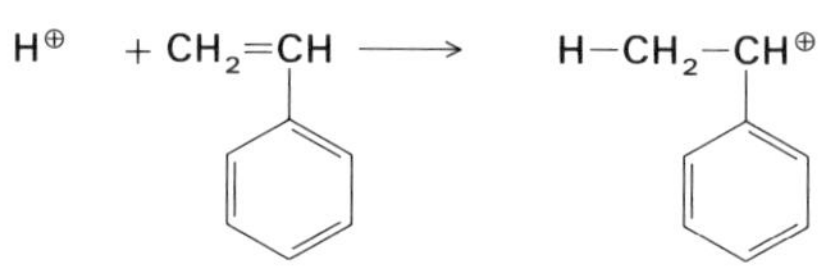

3.3.
a) Bei Polymerisationsreaktionen entstehen Makromoleküle unterschiedlicher Kettenlänge und unterschiedlicher molarer Masse. Man kann also nur einen Mittelwert angeben. Eine praktische Größe für die Beurteilung der Größe eines Kunststoffs ist die Anzahl der Monomere, die miteinander verknüpft sind: der Polymerisationsgrad. Er ist festgelegt als $P = M(\text{Polymer})/M(\text{Monomer})$. Da die molare Masse der Polymermoleküle oft unterschiedlich ist, wird in solchen Fällen ein mittlerer Polymerisationsgrad P^* angegeben.

b) $P^* = \bar{M}(\text{Polymer})/M(\text{Monomer})$;
$P^* \cdot M(\text{Monomer}) = \bar{M}(\text{Polymer})$;
$\bar{M}(\text{Polymer}) = 10\,000 \cdot 104\ \text{g/mol} = 1\,040\,000\ \text{g/mol}$.
Die mittlere molare Masse beträgt 1 040 000 g/mol.

3.4.
Der Kettenabbruch erfolgt bei ionischen Mechanismen häufig durch Umlagerung oder Anlagerung.

Umlagerung:

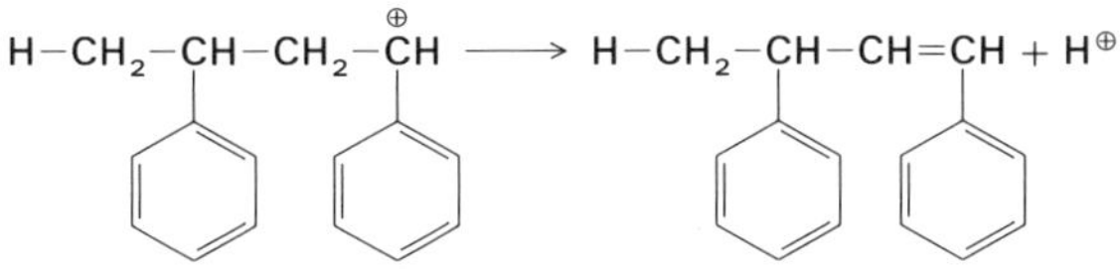

Anlagerung:

Die Monomere enthalten Anionen als Verunreinigungen. Diese können an das reaktive Ende der wachsenden Kette angelagert werden und führen zum Kettenabbruch.

3.5.
Versuch 1: Man gibt die beiden Monomere in gleichem Verhältnis zusammen in ein Reaktionsgefäß und rührt gut um. Den Initiator setzt man in Form einiger Eisen(III)-chlorid-Kristalle zu. Nach kurzer Zeit und leichter Erwärmung setzt die Polymerisation ein.
Begründung: Das statistische Polymer ist in unregelmäßiger Reihenfolge aus den Monomeren A und B aufgebaut. Mischt man beide Monomere vor der Reaktion, so wird A oder B zufällig an das Kettenende angefügt.

Versuch 2: Man gibt *hochreines* Monomer A oder B in ein sauberes Reaktionsgefäß und fügt dann einige Kristalle Eisen(III)-chlorid hinzu. Die Polymerisation setzt nach vorsichtigem Erwärmen ein. Es bildet sich ein Polymerisat. Nach kurzer Zeit fügt man das andere Monomer hinzu. Die Polymerisation setzt erneut ein.
Begründung: Mit hochreinem Monomer wird die Polymerisation erst gestoppt, wenn alle Monomere aufgebraucht sind. Trotzdem sind noch einige Ketten mit reaktivem Ende vorhanden, da keine Abbruchreaktionen durch Anlagerung stattfinden können. Gibt man neue Monomere hinzu, kann die Polymerisation wieder in Gang kommen. Die Kette enthält zwei Blöcke der Monomere A und B.

II. Thema:

1.1.

Diazotierung:

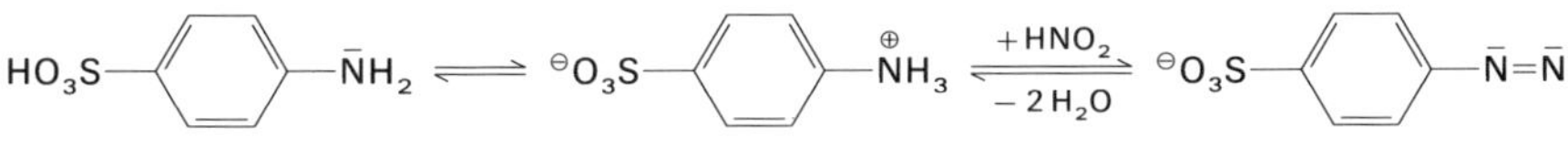

Kupplung:

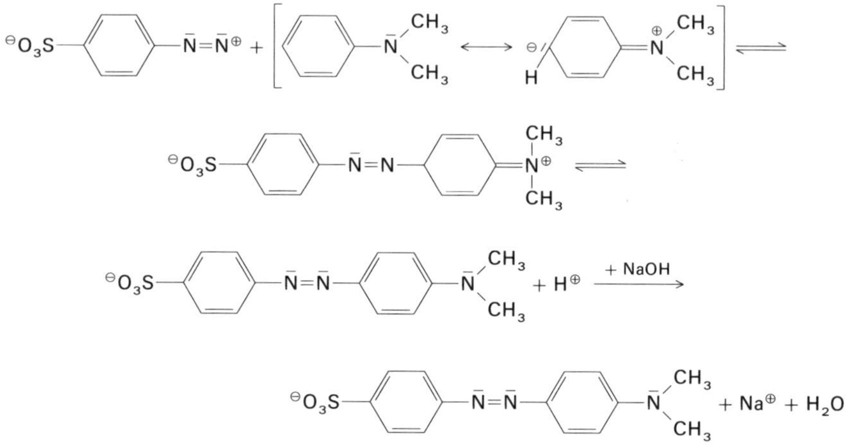

1.2.
Das Massenwirkungsgesetz für die Indikatorreaktion

$$\text{H-Ind} \rightleftharpoons \text{H}^{\oplus} + \text{Ind}^{\ominus}$$

lautet $K_{(\text{H-Ind})} = \frac{c_{(\text{H}^{\oplus})} \cdot c_{(\text{Ind}^{\ominus})}}{c_{(\text{H-Ind})}}$.

Am Umschlagspunkt sind die Konzentrationen von H-Ind und $\text{Ind}^{\ominus}$ gleich, d.h.:

$K_{(\text{H-Ind})} = c_{(\text{H}^{\oplus})} = 1{,}58 \cdot 10^{-4}\ \frac{\text{mol}}{\text{l}}$; aus $\text{pH} = -\log c_{\text{H}^{\oplus}} \Rightarrow \text{pH} = 3{,}8$.

Der Umschlagspunkt ($pK_{(\text{H-Ind})}$-Wert) des Indikators Methylorange liegt bei einem pH-Wert von 3,8.
Beim Umschlagspunkt ist die Konzentration von H-Ind gleich der Konzentration von $\text{Ind}^{\ominus}$. Der Übergang zwischen der gelben und der roten Form des Indikators Methylorange ist nicht eindeutig erkennbar.
Liegt $c_{(\text{H-Ind})}$ und $c_{(\text{Ind}^{\ominus})}$ im Verhältnis 10 : 1 bzw. 1 : 10 vor, so ist die gelbe bzw. rote Form von Methylorange eindeutig erkennbar. Dies ist bei $\text{pH} = pK_{(\text{H-Ind})} \pm 1$ der Fall. Der Umschlagsbereich für Methylorange würde demnach zwischen 2,8 und 4,8 liegen.

1.3.
A:

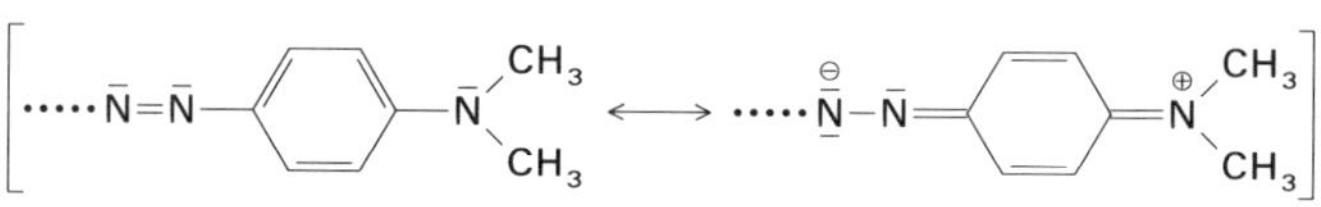

B:

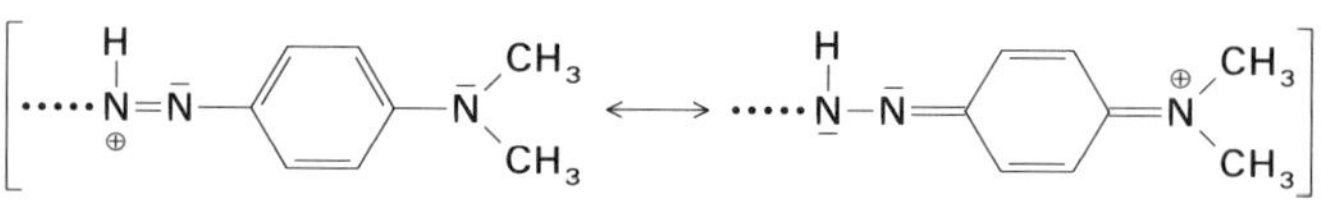

1.4.
Wolle ist eine Proteinfaser. In den Polypeptidketten können die Reste R Carboxyl- oder Aminogruppen sein, die zu Säure-Base-Reaktionen befähigt sind. Durch Protonenübergänge zwischen Farbstoff und Faser entstehen salzartige Bindungen (Ionenbindungen). Durch sie haftet der Farbstoff auf der Faser.

2.1.
I
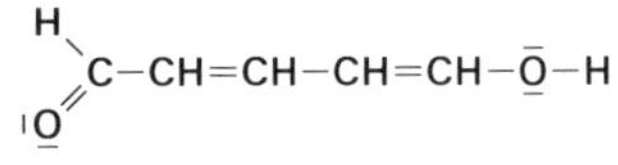

II
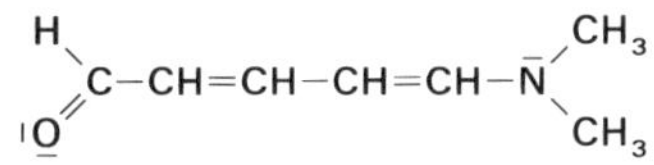

III
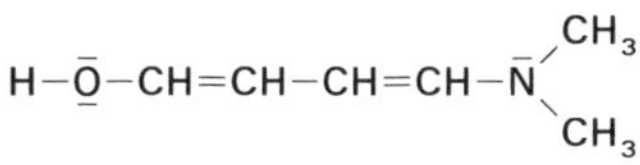

2.2.
I
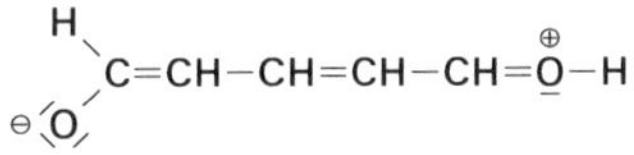
$\lambda_{max} = 320$ nm

II
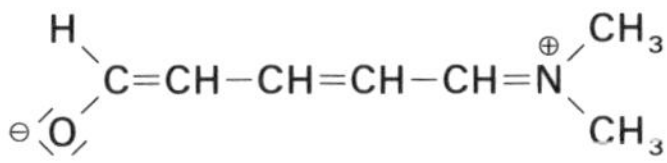
$\lambda_{max} = 360$ nm

Die Länge der konjugierten π-Elektronen-Systeme ist bei den Verbindungen I und II gleich. Die Absorptionsunterschiede müssen deshalb auf die unterschiedlichen $+M$-Effekte der beiden verschiedenen Endgruppen zurückzuführen sein. Der stärkere $+M$-Effekt der Dimethylaminogruppe gegenüber der Hydroxylgruppe führt zu einer stärkeren Delokalisierung der π-Elektronen und damit zu einem geringeren HOMO-LUMO-Abstand. Deshalb absorbiert die Verbindung II im längerwelligen Bereich.

2.3.
Die Verbindung III besitzt zwei Endgruppen mit $+M$-Effekt, die die Delokalisierung der π-Elektronen erschweren. Deshalb ist der Abstand von HOMO und LUMO größer als bei der Ausgangsverbindung. Die Absorption liegt demnach bei kürzeren Wellenlängen.

2.4.
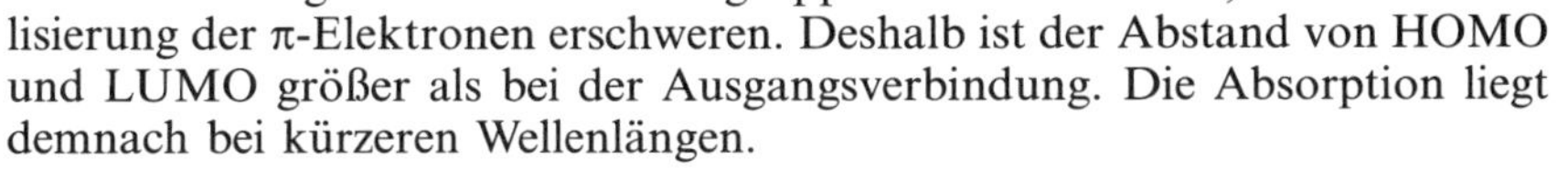

Dieses Farbsalz absorbiert bereits im sichtbaren Bereich. Das konjugierte π-Elektronen-System ist zwar nur geringfügig länger, die Delokalisation der π-Elektronen ist jedoch wesentlich stärker. Der Vergleich der Grenzformeln von 2.2. und 2.4. zeigt, daß in 2.2. eine Ladungstrennung erfolgt, in 2.4. nur eine Ladungsverschiebung. (Als richtige Lösung könnte auch der Ersatz der Carbonylgruppe durch eine Gruppe mit stärkerem $-M$-Effekt gelten.)

6. Kapitel: Das mündliche Abitur

6.1 Vorbemerkungen

Zur Vorbereitung auf die mündliche Abiturprüfung sollten Sie Ihren Lehrer bitten, Ihnen die genauen Prüfungsbedingungen mitzuteilen. Dazu gehören die Prüfungs- und Vorbereitungszeit, die Zusammensetzung der Prüfungskommission, die prüfungsrelevanten Stoffgebiete und der Ablauf der Prüfung. Günstig wäre es, wenn er eine mündliche Prüfung mit einem freiwilligen Kandidaten durchführen würde. Sie können dies natürlich auch mit Hilfe eines Mitschülers anhand der folgenden Aufgaben tun.

Planen Sie folgenden Ablauf:

- Für die Vorbereitung haben Sie ungefähr 20 Minuten Zeit.
- Lesen Sie zuerst alle Fragen durch!
- Notieren Sie Ihre Antworten gut leserlich in Stichworten, und schreiben Sie Formeln und Gleichungen genau auf! Diese Unterlagen dürfen normalerweise während der Prüfung benutzt werden.
- Tragen Sie die Antworten möglichst frei einem Mitschüler vor, dem die Lösungen vorliegen! Er sollte Ihnen bei Fehlern oder fehlerhafter Darstellung durch Hinweise helfen.
- Sie können auch eine Tonbandaufzeichnung machen und Ihre Antworten selbst kontrollieren.
- Die Zeit zur Darstellung Ihrer Lösungen sollte ungefähr 15 Minuten betragen.

Wenn die mündliche Prüfung an Ihrer Schule ähnlich abläuft, beachten Sie die folgenden Hinweise:

- Lesen Sie die Fragen in Ruhe durch!
- Beachten Sie die Ihnen vorher bekannte Vorbereitungszeit (Uhr nicht vergessen)!
- Skizzieren Sie Ihre Lösungen gut lesbar in Stichpunkten!
- Vor der Prüfungskommission tragen Sie Ihre Lösungen vor. Falls mehrere Fragen gestellt werden und die Reihenfolge der Antworten beliebig ist, beginnen Sie Ihren Vortrag mit dem Themengebiet, über das Sie am besten Bescheid wissen! Sie gewinnen dadurch an Sicherheit, weil Sie normalerweise bei richtigen Antworten nicht unterbrochen werden.
- Falls Zwischenfragen gestellt werden, hören Sie genau zu! Wenn Sie die Frage nicht richtig verstanden oder aufgefaßt haben, bitten Sie den Prüfer, die Frage zu wiederholen! Überlegen Sie zuerst, bevor Sie antworten!
- Sprechen Sie bei allen Antworten möglichst laut und deutlich, und schauen Sie die Prüfer an!

6.2 Aufgaben

1. Vinylchlorid läßt sich mit einem Initiator des Typs $R-\overline{N}=\overline{N}-R$ polymerisieren. Die Geschwindigkeit des Zerfalls dieses Initiators steigt mit zunehmender Temperatur.

1.1. Geben Sie die Reaktionsgleichungen für die Start- und Wachstumsreaktionen der Polymerisation von Vinylchlorid (Monochlorethen) an!

1.2. Welche Auswirkungen hat die Wahl der Reaktionstemperatur auf den Polymerisationsgrad und die Eigenschaften des Kunststoffs?

2. Die untenstehende Verbindung geht durch Abspaltung eines Chloridions in „Doebners Violett" über.

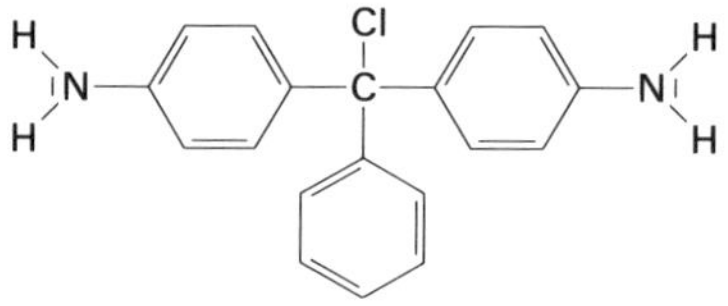

2.1. Geben Sie die Reaktionsgleichung für diese Abspaltung an!

2.2. Erklären Sie mit Hilfe von Grenzformeln, warum die Reaktion abläuft und warum nur die dissoziierte Form farbig ist!

3.1. Erklären Sie, warum Alkaliseife, Zephirol und Fettalkoholpolyglykolether Tenside sind!

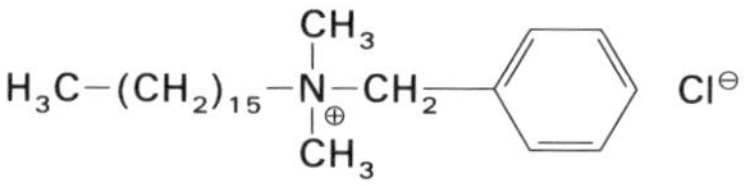

Zephirol

$$H_3C-(CH_2)_8-\underline{\overline{O}}-[CH_2-CH_2-\underline{\overline{O}}]_3-H$$

Fettalkoholpolyglykolether

3.2. Wie wirkt ein Gemisch aus a) Alkaliseife und Zephirol bzw. b) Alkaliseife und Fettalkoholpolyglykolether beim Waschvorgang?

6.3 Lösungen

1.1.

$$R-\overline{N}=\overline{N}-R \longrightarrow 2\,R^{\bullet} + N_2$$

$$R^{\bullet} + CH_2=\underset{Cl}{CH} \longrightarrow R-CH_2-\underset{Cl}{\dot{C}H}$$

$$R-CH_2-\underset{Cl}{\dot{C}H} + nCH_2=\underset{Cl}{CH} \longrightarrow R-\left[CH_2-\underset{Cl}{CH}\right]_n-CH_2-\underset{Cl}{\dot{C}H}$$

1.2.
Die Wahl der Reaktionstemperatur beim Start beeinflußt die Menge des Startradikals. Eine niedrige Temperatur ergibt wenige Startradikale und damit einen hohen Polymerisationsgrad. Bei hoher Temperatur bilden sich viele Startradikale, die zu einem niedrigen Polymerisationsgrad führen. Die Glastemperaturen der entsprechenden Kunststoffe sind deshalb unterschiedlich.

2.1.

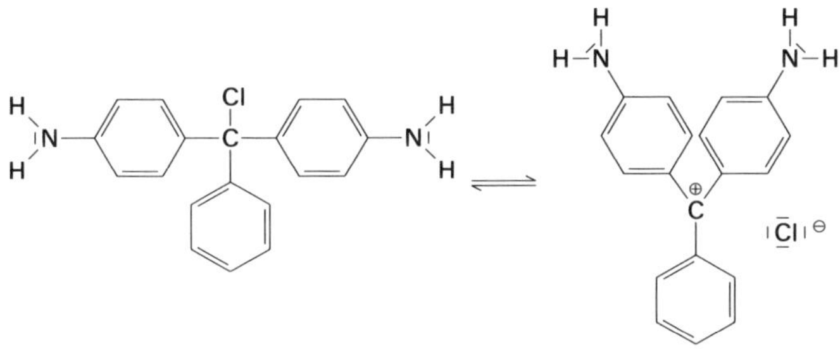

2.2.
Die Trennung der polarisierten C – Cl-Bindung ergibt ein Carbokation, das sich durch Mesomerie stabilisieren kann.

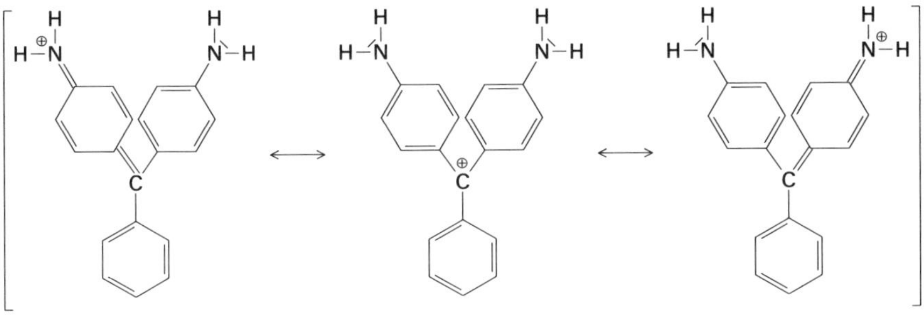

Bei der undissoziierten Form ist das konjugierte π-Elektronen-System wenig ausgedehnt. Die Grenzformeln zeigen, daß sich durch die Abspaltung des Chloridions ein Farbsalz mit einem größeren konjugierten π-Elektronen-System bildet.

3.1.
Die Alkaliseife als Salz einer langkettigen Carbonsäure, Zephirol und Fettalkoholpolyglykolether bestehen jeweils aus einem unpolaren, hydrophoben Molekülteil (Kohlenwasserstoffkette) und aus einem polaren, hydrophilen Molekülteil (Carboxylatgruppe, quartäre Ammoniumgruppe, Hydroxylgruppe). Solche Stoffe sind grenzflächenaktiv und werden auch Tenside genannt.

3.2.

a) Ein Gemisch aus Alkaliseife und Zephirol ist nicht waschaktiv, weil die positiven und negativen Molekülteile zu einem schwer löslichen Salz reagieren.

b) Alkaliseife und Fettalkoholpolyglykolether bleiben auch im Gemisch jedes für sich waschaktiv. Sie setzen die Oberflächenspannung des Wassers herab, lösen Schmutz und emulgieren bzw. dispergieren ihn.